EL MISTERIO DEL SELFI FANTASMA

EL MISTERIO DEL SELFI FANTASMA

Celia Camarasa Palencia

Círculo Rojo
EDITORIAL

Primera edición: junio 2025

Depósito legal: AL 5335-2025

ISBN: 979-13-7016-645-8

Impresión y encuadernación: Editorial Círculo Rojo

© Del texto: Celia Camarasa Palencia
© Maquetación y diseño: Equipo de Editorial Círculo Rojo

Editorial Círculo Rojo
www.editorialcirculorojo.com
info@editorialcirculorojo.com

Impreso en España — Printed in Spain

Para mis alumnos y alumnas

_"A cada estudiante que sueña con un mundo mejor, este
libro es para ustedes. Que cada palabra aquí escrita les
ayude a reflexionar, compartir y crecer con valores que
iluminen sus caminos ".

Índice

1
VILLA REDES

En el tranquilo pueblo de Villa Redes, el tiempo parecía haberse detenido en un pasado encantador. Las calles adoquinadas, gastadas por el paso de generaciones, serpenteaban entre casas pintorescas de techos rojos y fachadas con enredaderas que parecían abrazarlas con cariño. En las noches, la tenue luz de las antiguas farolas bañaba las calles con un resplandor dorado, creando una atmósfera de nostalgia.

En este escenario de tranquilidad y encanto, la vida cotidiana de los adolescentes se desenvolvía con una mezcla peculiar de tradición y modernidad. Entre ellos, destacaba Marta, una joven de cabello rizado que caía en suaves bucles sobre sus hombros, y ojos avispados que parecían absorber cada detalle del mundo que la rodeaba. Para Marta, al igual que para muchos de sus compañeros, el teléfono inteligente se había convertido en una extensión de su mano, una ventana a un universo digital donde las interacciones virtuales tenían tanto peso como las conversaciones cara a cara.

Desde el amanecer hasta el anochecer, Marta estaba inmersa en el mundo de las redes sociales. Su actividad en infinidad de plataformas era constante, compartiendo cada momento de su vida con sus amigos virtuales. Ya fueran selfis en el parque, fotos de su café matutino o videos de sus aventuras con sus amigos.

Marta no dejaba pasar la oportunidad de capturar y compartir cada instante, buscando la validación y la conexión que las redes sociales prometían ofrecer. Pero detrás de su aparente confianza digital, Marta guardaba sus propias inseguridades y anhelos. En un mundo donde la popularidad y la aceptación se medían en *likes* y seguidores, ella se esforzaba por mantener una imagen perfecta, filtrando cuidadosamente cada foto y pensando dos veces antes de compartir cualquier pensamiento o sentimiento que pudiera resultar menos que ideal.

A medida que el sol se ponía sobre Villa Redes y las sombras se alargaban en las calles adoquinadas, Marta se sumergía aún más en el mundo digital, buscando escapar de las presiones y expectativas del mundo real. Sin embargo, en el fondo de su corazón, anhelaba algo más que la validación superficial que las redes sociales podían ofrecer. Deseaba una conexión genuina, un sentido de pertenencia que trascendiera los filtros y las pantallas brillantes. Y en el fondo de su mente, Marta se preguntaba si algún día encontraría esa conexión verdadera en un mundo dominado por la apariencia y la superficialidad.

Era un día soleado de primavera, donde el cielo se extendía imponente sobre Villa Redes, llenando el paisaje de luz y calor. Marta, con su cabello ondeando suavemente al viento, se encontraba junto a sus amigos Lucas y Elena, con una chispa de emoción brillando en sus ojos mientras se preparaban para adentrarse en el bosque que bordeaba las afueras del pueblo. Armados con una cámara digital y sus teléfonos celulares, estaban decididos a capturar la esencia misma de la naturaleza en sus dispositivos, ansiosos por compartir el momento perfecto en sus perfiles sociales.

El bosque se extendía ante ellos como un misterioso laberinto de árboles centenarios y arbustos frondosos, con el sendero serpenteante desapareciendo en la distancia. A medida que avanzaban, el suelo cubierto de hojas crujía bajo sus pies, y el aroma fresco de la tierra y la vegetación llenaba el aire. Los rayos de sol se filtraban a través de las copas de los árboles, creando un juego de sombras y luces que bailaban sobre el suelo del bosque, mientras los pájaros cantaban melodías alegres en lo alto de las ramas. Una sensación de anticipación electrificaba el ambiente, cargando cada paso con una emoción palpable. Marta, Lucas y Elena se detenían de vez en cuando para admirar la belleza del bosque, capturando instantáneas fugaces con sus cámaras y teléfonos. Cada imagen era una pequeña ventana a la naturaleza, un momento congelado en el tiempo destinado a ser compartido y admirado por sus amigos y seguidores en línea.

A medida que avanzaban por el sendero, el bosque parecía cobrar vida a su alrededor, susurros de hojas y ramas moviéndose con el viento, y el suave murmullo del arroyo que fluía en algún lugar en la distancia. Para Marta y sus amigos, cada paso era una aventura, cada curva una nueva sorpresa por descubrir.

Y así, con cada paso que daban, Marta, Lucas y Elena se sumergían más profundamente en la belleza y el misterio de la naturaleza, ansiosos por capturar cada momento de su aventura para compartirlo con el mundo en línea. Sin embargo, en lo más profundo del bosque, algo más aguardaba pacientemente, observando en silencio desde las sombras, listo para revelarse cuando menos se lo esperaban.

«¡Aquí! ¡Este sitio es genial para un selfi!», exclamó Marta con entusiasmo, deteniéndose frente a una antigua cabaña cubierta de enredaderas que se erguía majestuosa entre los árboles del bosque. La esctuctura, aunque desgastada por el tiempo y la naturaleza, emanaba una belleza misteriosa y encantadora que recordaba a los cuentos de hadas de la infancia de Marta. Las enredaderas trepaban por las paredes de madera, como si intentaran abrazar la cabaña con una ternura silenciosa, y las ventanas, cubiertas de polvo y sombras, parecían guardar secretos antiguos en su interior.

Marta se acercó a la cabaña con cautela, sintiendo un escalofrío recorrer su espalda cuando sus ojos se posaron en la puerta entreabierta. No sabía exactamente cómo explicarlo, pero el escalofrío ahí estaba. Sin embargo, a pesar de la sensación inquietante que emanaba de la cabaña, Marta no pudo resistirse a la tentación de capturar este momento con un selfi. Con manos temblorosas pero decididas, sacó su teléfono y extendió el brazo para enmarcar la escena perfecta. La cabaña antigua se alzaba majestuosa detrás de ella, envuelta en un halo de misterio y encanto, mientras Marta sonreía con una mezcla de emoción y nerviosismo. Justo cuando estaba a punto de presionar el botón para tomar la foto, una ráfaga de viento susurró entre los árboles, haciendo que las enredaderas se agitaran y las sombras danzaran en el suelo. Marta sintió aquel escalofrío recorrer su columna vertebral de nuevo, pero se obligó a mantener la compostura mientras se preparaba para inmortalizar el momento.

Con un último suspiro de anticipación, Marta presionó el botón y capturó la imagen en su teléfono. La cabaña antigua, con su belleza enigmática, quedó congelada en el tiempo, lista para ser compartida en las redes sociales. Sin embargo, lo que Marta no sabía en ese momento era que ese selfi no solo capturaría la imagen de la cabaña, sino también algo más, algo que acechaba en las sombras y que estaba destinado a cambiar el curso de su aventura para siempre.

Después de asegurarse de que todos hubieran capturado la imagen en sus teléfonos, el grupo continuó su exploración por el bosque, ajeno a la presencia fantasmal que los observaba desde las sombras. Con cada paso que daban, la sensación de ser observados parecía intensificarse, como si los árboles mismos estuvieran susurrando secretos antiguos y las sombras se alargasen en una danza silenciosa.

Marta intentó ignorar la sensación de incomodidad que se había apoderado de ella desde que dejaron la cabaña atrás, pero era como si un nudo se hubiera formado en el centro de su pecho, apretándose con cada latido de su corazón. No importaba cuánto intentara distraerse con la conversación de sus amigos, la sensación persistía, como una sombra oscura que se cernía sobre ellos en silencio. Trató de convencerse a sí misma de que solo era su imaginación jugándole una mala pasada, que la cabaña y sus historias habían avivado su nerviosismo sin razón alguna. Pero cada vez que levantaba la mirada hacia los árboles retorcidos y las sombras alargadas, sentía un aquel escalofrío recorrer su espina dorsal, como si algo la estuviera observando desde las profundidades del bosque.

A medida que avanzaban, el sol comenzó a ponerse en el horizonte, arrojando destellos dorados a través de las ramas de los árboles y tiñendo el cielo de tonos cálidos y rojizos. La luz del día comenzaba a desvanecerse lentamente, dejando paso a la oscuridad de la noche.

«Habéis escuchado eso?», preguntó Marta, deteniéndose de repente y frunciendo el ceño hacia el oscuro dosel de ramas que se extendía sobre sus cabezas.

Lucas y Elena intercambiaron miradas nerviosas antes de sacudir la cabeza. «No hemos escuchado nada», respondió Elena, su voz apenas un susurro en la oscuridad. Pero Marta no estaba convencida. Había escuchado algo, un eco apenas perceptible entre las hojas, como el susurro de una voz que se desvanecía en el viento. Y mientras miraba hacia el oscuro bosque que se extendía ante ellos, sintió que una sensación de temor se apoderaba de su corazón, como si algo estuviera acechando en las sombras, esperando su momento para revelarse.

«Creo que deberíamos regresar», sugirió entonces, mirando nerviosamente a su alrededor, «está empezando a hacerse tarde y no quiero estar perdida en el bosque cuando oscurezca por completo». Lucas asintió, mostrando signos de acuerdo. «Tienes razón. Ya hemos explorado lo suficiente por hoy. Podemos volver otro día si queremos».

Marta se sintió aliviada de que sus amigos estuvieran de acuerdo en regresar. La sensación de inquietud que la había estado persiguiendo desde que dejaron la cabaña se intensificaba con cada momento que pasaban en el bosque. Sin embargo, mientras daban la vuelta para regresar por el sendero, una sombra fugaz captó su atención.

«¿Qué ha sido eso?», preguntó Marta, alarmando a sus amigos con su ronco susurro. «No estoy segura», respondió Elena, vacilante, «pero creo que deberíamos irnos ya de aquí». Lucas estaba completamente de acuerdo con ellas.

Sin esperar más respuesta, el grupo se apresuró a retomar el camino de regreso a Villa Redes, con Marta sintiendo el corazón latir con fuerza en su pecho con cada paso que daban.

La oscuridad del bosque parecía cerrarse a su alrededor, envolviéndolos en un abrazo frío y ominoso que Marta no conseguía sacudirse de encima. Finalmente, después de lo que pareció una eternidad, el grupo emergió del bosque y regresó a la seguridad de Villa Redes. Marta se sintió aliviada de estar de vuelta entre las luces parpadeantes y las calles familiares del pueblo, pero la sensación de inquietud que la había perseguido en el bosque aún la acosaba, como una sombra que no podía sacudirse de encima.

Llegó a casa con un suspiro de alivio, saludando a sus padres con una sonrisa nerviosa antes de subir rauda y veloz las escaleras hasta su habitación. La sensación de inquietud que la había perseguido en el bosque aún la acompañaba, como una sombra que se negaba a desaparecer. Una vez en su habitación, encendió su ordenador y comenzó a descargar las fotos que había tomado durante su aventura en el bosque. Con el corazón latiendo con fuerza en el pecho, abrió la imagen del selfi hecho frente a la cabaña antigua. Para su sorpresa, al examinar la foto detenidamente, notó algo inusual. Junto a ella, en el borde de la imagen, había un destello, una luz borrosa que no recordaba haber visto cuando hizo la foto. Frunciendo el ceño con curiosidad, amplió la imagen y observó el destello con atención.

La luz parecía fluctuar y cambiar de forma, como si estuviera viva, parpadeando en la oscuridad de la cabaña con una intensidad inquietante. Marta se preguntó qué podría haber causado ese destello misterioso, y una sensación de intriga se apoderó de ella mientras continuaba examinando la foto en busca de pistas sobre su origen.

Marta se sentó frente a su ordenador, con las manos temblando ligeramente sobre el teclado mientras observaba fijamente la imagen en la pantalla. La luz borrosa en el borde de la foto parecía hipnotizarla, como si estuviera tratando de comunicarle algo que no podía entender. Su corazón latía con fuerza en su pecho, mientras una sensación de inquietud se apoderaba de ella. Recordaba el escalofrío que recorrió su espina dorsal en el bosque, la sensación de ser observada desde las sombras, y ahora, al ver esa luz borrosa en la foto, no podía evitar relacionar ambos momentos.

¿Qué conexión había entre el extraño destello en la imagen y la sensación de malestar que la había perseguido en el bosque?

Marta sabía que no encontraría respuestas fácilmente, pero una cosa era segura: algo extraño estaba sucediendo en Villa Redes, algo que estaba más allá de su comprensión. Con un suspiro, decidió guardar la imagen en su computadora, prometiéndose a sí misma investigar más a fondo sobre el misterio de la cabaña antigua. Estaba decidida a descubrir la verdad, si es que hubiera algo que descubrir.

2
LUCES Y SOMBRAS

Al día siguiente, Marta se despertó con la mente llena de pensamientos sobre el destello misterioso. Se apresuró a vestirse y desayunar, ansiosa por comenzar su investigación. Con su mochila llena de provisiones y su teléfono móvil cargado, se despidió de sus padres con un escueto *adiós* y salió de casa.

El sol brillaba en el cielo azul, derramando su luz cálida sobre las desérticas calles adoquinadas de Villa Redes mientras Marta se dirigía al parque del pueblo. El aire fresco de la mañana acariciaba su rostro, llevando consigo el aroma fresco de la primavera. Con paso decidido, se adentró en el parque, sintiendo la emoción palpitar en su pecho mientras se acercaba al lugar de encuentro acordado con sus amigos a través del chat del grupo al que vivían constantemente conectados.

Cuando llegó al banco, fue recibida con abrazos y exclamaciones de alegría por parte de sus amigos. El chat de grupo había estado lleno de especulaciones y teorías desde la noche anterior, y ahora estaban ansiosos por discutir su próximo paso en la investigación del misterio del selfi fantasma, nombre con el que la propia Marta había rebautizado al grupo de chat.

«Entonces, ¿cuál es nuestro plan?», preguntó Elena, mirando a Marta con curiosidad mientras todos tomaban asiento en el banco del parque donde pasaban las horas muertas desde hacía un par de años. «Creo que necesitamos regresar a la cabaña», afirmó Marta con determinación, «hay algo allí que no estamos viendo, algo que está relacionado con estas extrañas apariciones en nuestras fotos». Y es que su destello no había sido el único. Una vez escribió en el grupo lo que había descubierto y reenvió la foto, sus dos amigos fueron a comprobar las suyas en las que también se mostraba aquel brillo inusual.

Con un asentimiento de acuerdo, los tres se pusieron en marcha. A medida que se adentraban en la oscuridad del bosque, Marta no pudo evitar sentir cierto temor, pero se obligó a seguir adelante, impulsada por la necesidad de descubrir qué era lo que había sentido ayer en aquel bosque y por qué.

La luz del sol se filtraba a través de las hojas de los árboles, creando un juego de luces y sombras que bailaba en el suelo del bosque. Sin embargo, a medida que avanzaban, el resplandor del día comenzaba a desvanecerse, sustituido por la oscuridad que los envolvía como un manto pesado. Los troncos de los árboles se alzaban imponentes a su alrededor, sus ramas entrelazadas como dedos que intentaban atraparlos en un abrazo oscuro.

Marta lideraba el camino con paso firme, guiándolos a través de la maleza y los obstáculos que encontraban en su camino. A su lado, Lucas y Elena seguían sus pasos, sus corazones latiendo al compás del susurro del viento entre los árboles. Cada paso que daban los acercaba un poco más a la vieja cabaña, y a medida que avanzaban, la sensación de tensión electrificaba el aire a su alrededor. Al menos, eso era lo que Marta sentía en esos momentos.

Después de lo que pareció una eternidad, finalmente llegaron a un claro del bosque donde se encontraba la cabaña. La estructura se alzaba ante ellos, oscura y misteriosa, sus paredes cubiertas de enredaderas retorcidas que parecían querer arrastrarla hacia la tierra. El aire estaba cargado con el eco de sus propios latidos, y una sensación de inquietud se apoderó de ellos mientras contemplaban la casa en silencio.

Marta tragó saliva, sintiendo un nudo en su garganta mientras se acercaba a su puerta entreabierta. Cada paso que daba resonaba en el silencio del bosque, y el crujido de las ramas bajo sus pies parecía anunciar su llegada. Sin embargo, a pesar del miedo que la embargaba, sabía que no podía retroceder. Necesitaba saber.

Con un suspiro, empujó la puerta y entró, seguida de cerca por Lucas y Elena. El interior estaba oscuro y polvoriento, con telarañas colgando de las vigas del techo y el suelo cubierto de hojas secas y suciedad. Un olor a humedad y moho llenaba el aire, haciéndoles arrugar la nariz mientras exploraban el lugar. La escasa luz del sol apenas lograba filtrarse a través de las ventanas sucias, proyectando sombras fantasmagóricas en las paredes descascaradas.

Marta avanzó con cautela, su mirada escudriñando cada rincón en busca de alguna pista que pudiera arrojar luz sobre el misterio que rodeaba la estancia. A su lado, Lucas y Elena se movían con nerviosismo, sus ojos explorando el lugar con una mezcla de curiosidad y aprensión.

Sin embargo, el pitido del móvil de Lucas, guardado en su bolsillo trasero del pantalón, alertó a este de que algo andaba mal. Sacó su teléfono, esperando encontrar alguna señal de red que indicara que estaban cerca de la civilización, pero se encontró con una pantalla en blanco. Frunciendo el ceño, intentó realizar una llamada, pero el dispositivo no respondió.

«¿Pasa algo, Lucas?», quiso saber Marta ante la expresión de preocupación en el rostro de su amigo. «No tengo cobertura», respondió este, mirando su teléfono con frustración, «y parece que ninguno de nuestros dispositivos funciona aquí dentro». Marta intercambió una mirada preocupada con Elena, quien había estado observando en silencio. «¿Qué crees que significa?», preguntó esta, su voz apenas un susurro en la quietud de la cabaña. Lucas se encogió de hombros, incapaz de encontrar una explicación lógica. «Parece que, si nos quedamos aquí atrapados, no tendremos forma de comunicarnos con el exterior», dijo, al fin. Entonces, observaron con expectación mientras Elena desandaba sus pasos y salía al exterior.

La puerta se abrió con un chirrido, revelando cierta claridad insuficiente y el susurro del viento que se colaba en la cabaña. Elena se alejó varios metros, con la mirada fija en su móvil mientras buscaba señal. El silencio se prolongó mientras Marta y Lucas aguardaban con el corazón en un puño. Finalmente, Elena detuvo su paso y levantó la vista, una expresión de sorpresa y alivio cruzó su rostro. «Aquí hay cobertura», gritó a unos trescientos metros de la cabaña,

«en este punto, al menos».

Marta avanzó lentamente por la sala principal, sus pasos resonando en el suelo de madera desgastada. La penumbra del interior apenas era penetrada por la luz que se filtraba por las ventanas polvorientas. Sus ojos escudriñaban cada rincón en busca de pistas sobre el origen de las extrañas apariciones en sus fotos, mientras sus dedos rozaban las paredes cubiertas de hiedra seca y las telarañas colgaban de las vigas del techo.

Desde luego, no existía ni un punto de luz que pudiese reflejar ningún destello en aquellos ventanales mugrientos y que llegasen a alcanzar el exterior para poderse reflejar en ninguna foto.

En una esquina, una mesa de madera maciza se erguía solitaria, cubierta de polvo y sombras. Sobre ella descansaba un viejo teléfono fijo de disco, cuyo cable se enroscaba enredado como una serpiente dormida. El aparato, ahora obsoleto en la era de los teléfonos inteligentes, parecía guardar secretos del pasado entre sus anacrónicos botones y su dial giratorio. Junto al teléfono, se encontraban juegos de mesa antiguos, sus cajas desgastadas y sus piezas de madera descoloridas por el tiempo. Marta recordaba vagamente haber visto juegos similares en casa de sus abuelos, una reliquia del pasado que contrastaba con la tecnología moderna de hoy en día con la que ella estaba absolutamente familiarizada. Era como si la cabaña fuera un refugio del pasado, un lugar donde los recuerdos de épocas pasadas se aferraban obstinadamente a la realidad.

Sus ojos de detuvieron en el álbum del que sobresalían fotos viejas y amarillentas. Algo en él llamó su atención.

«¿Habéis encontrado algo?», gritó Elena desde el exterior de la casa. Se había negado a volver a entrar en la cabaña por temor a quedarse allí encerrada, y a sus amigos les había parecido buena idea prevenir que uno de ellos vigilara el exterior. «¡No! Ten paciencia», respondió Lucas, «¡apenas vemos nada ni con las linternas de los móviles!».

Marta levantó la tapa del álbum y comenzó a hojear las páginas con reverencia. Cada foto en blanco y negro era como una ventana al pasado, revelando escenas de la vida en la cabaña en sus días de gloria. En las imágenes, familias de diferentes épocas posaban frente a la puerta, sus rostros iluminados por sonrisas radiantes que desafiaban al paso del tiempo. Niños jugaban en el jardín, correteando entre las flores y riendo a carcajadas mientras el sol se filtraba entre las hojas de los árboles. Y en las noches, la cabaña se llenaba de vida, con personas reunidas alrededor de la chimenea, compartiendo historias, canciones y partidas de dominó.

Mientras Marta continuaba hojeando las páginas del álbum, sus ojos se detuvieron en una foto en particular. En ella, un grupo de personas estaba quieto frente a la cabaña, sus rostros serios y sombríos. Marta notó que las personas en la foto no parecían estar celebrando ni divirtiéndose como en las otras imágenes. En cambio, sus miradas estaban llenas de preocupación y determinación, como si estuvieran enfrentando algún tipo de desafío. Intrigada, le mostró la foto a Lucas: «¿Qué crees que están haciendo aquí estas personas?». Lucas frunció el ceño mientras estudiaba la foto: «No estoy seguro», admitió, «es como si estuvieran enfrentando algún peligro, como si tratasen de defender la casa».

Marta asintió, reconociendo cómo un escalofrío recorría su espalda. Era evidente que la historia de la cabaña estaba entrelazada con la historia misma del pueblo. Metió el álbum de fotos en su mochila, hizo unas veinte fotos de todo lo que se encontraba dispuesto a lo largo de esa mesa y se dispuso a explorar más a fondo la cabaña en busca de más pistas. Se adelantó hacia una puerta entreabierta al otro lado de la sala principal, seguida de Lucas; su curiosidad guiándola hacia lo desconocido.

Con cada paso, el suelo crujía bajo sus pies, recordándole la antigüedad y la historia que se ocultaba entre las paredes de madera. Empujó la puerta con cautela, revelando una habitación que parecía congelada en el tiempo. Marta se detuvo un momento, permitiendo que sus ojos se acostumbraran a la penumbra, y luego comenzó a explorar. Se encontró con un rincón lleno de libros antiguos, cuyas páginas estaban amarillentas por el paso del tiempo y cuyas cubiertas estaban desgastadas por el uso. Incluso, algunos de los títulos eran difíciles de leer.

Lucas y Marta continuaron su exploración en la cabaña, encontrándose con una mesa cubierta de polvo que sostenía un viejo tablero de ajedrez y una lámpara de aceite. Al lado, había un teléfono fijo de disco, similar al que había visto en el salón principal. Marta se detuvo frente al teléfono, sintiendo una extraña conexión con el pasado mientras imaginaba las conversaciones que habrían tenido lugar a través de ese aparato en otro tiempo. Mientras tomaba algunas fotos de los objetos antiguos percibió algo, como si hubiera alguien más en la habitación junto a ella y Lucas, pero decidió ignorar sus temores para no asustar a su amigo; al fin y al cabo, solo se trataba de una sensación y deseaba continuar con la exploración fuera como fuese.

«¿Has encontrado algo interesante?», preguntó Lucas desde el otro lado de la habitación, examinando un viejo reloj de péndulo que colgaba de la pared. «Todavía no…», respondió ella.

Decidida a seguir adelante, Marta se dirigió hacia otra puerta que conducía a lo que parecía ser un sótano. Descendió por las escaleras, utilizando la luz de su teléfono para iluminar el camino. El aire era frío y pesado. Cuando llegó al final de las escaleras, se encontró en una habitación pequeña y claustrofóbica. En el centro, gracias a la luz de su móvil, pudo descubrir una mesa cubierta de objetos desordenados: herramientas oxidadas, frascos de vidrio vacíos y lo que parecían ser restos de algún experimento científico.

Mientras examinaba los objetos más de cerca, algo atrajo su atención: un diario antiguo, cubierto de polvo y arrugado por el paso del tiempo. Comenzó a hojear sus páginas, buscando pistas que pudieran arrojar luz sobre el misterio de la cabaña. A medida avanzaba en las páginas desgastadas, Marta se dio cuenta de que el diario pertenecía a alguien que había vivido allí hacía muchos años.

Las entradas estaban llenas de detalles sobre la vida cotidiana en el campo, describiendo las labores del hogar, las cosechas en el jardín y las interacciones con los vecinos del pueblo. Sin embargo, entre las descripciones mundanas, había referencias a sucesos inexplicables y a una presencia misteriosa. Por desgracia, la escasa luz y el estado deteriorado de la encuadernación dificultaban su lectura y no pudo avanzar mucho más; así que, decidió volver a abrir su mochila para guardar el diario, tal como había hecho con el álbum de fotos, para poder revisarlo con más detalle más tarde.

Marta y Lucas regresaron a la sala principal, revisaron cada mueble, examinaron cada detalle de la estructura antigua, pero parecía que el lugar guardaba sus secretos celosamente.

Mientras tanto, Elena se mantenía en guardia en la entrada de la cabaña, observando atentamente el bosque circundante en busca de cualquier movimiento sospechoso. Aunque inicialmente había escondido su preocupación sobre la idea de explorar una cabaña supuestamente embrujada, su sentido de aventura y lealtad hacia sus amigos la llevó a unirse a la búsqueda.

De repente, Marta notó algo peculiar en una esquina de la habitación: un viejo baúl de madera tallada, cubierto de telarañas y polvo. Con un gesto hacia Lucas, se acercaron al baúl y lo abrieron con cuidado. En su interior, encontraron una colección de objetos antiguos: una linterna oxidada, un reloj de bolsillo detenido en el tiempo y un paquete de cartas amarillentas atadas con una cinta de raso desgastada. Con manos ágiles, Marta desató la cinta y comenzó a leer las cartas con atención, apuntando con la linterna de su móvil. A medida que avanzaba en la lectura, su expresión se volvía cada vez más seria, como si estuviera descubriendo algo de gran importancia. «¿Qué pasa?», preguntó Lucas, en cuanto notó el cambio de expresión de su amiga. Marta levantó la mirada, su rostro iluminado por una mezcla de emoción y preocupación. «Estas cartas», dijo en voz baja, «son de la familia que vivió aquí hace generaciones. Hablan de fenómenos extraños que ocurrieron en la cabaña, de luces misteriosas que aparecían en medio de la noche y de una presencia oscura que acechaba en los rincones más oscuros del bosque».

De nuevo, un escalofrío recorrió la espina dorsal de Marta. La foto antigua en la que un grupo de personas parecían sentirse amenazadas por algo o alguien, una sala de experimentos, una presencia oscura… todo ello parecía confirmar sus peores temores: estaban tratando con algo mucho más peligroso de lo que habían imaginado. «Creo que deberíamos irnos de aquí», murmuró, «esto es demasiado extraño…», sugirió Marta, guardando apresuradamente las cartas en la mochila.

Lucas asintió, no sabía exactamente qué era lo que había alarmado tanto a su amiga, pero se fiaba de ella con los ojos cerrados. Nunca le había fallado. Sin embargo, antes de que pudieran moverse, un ruido sordo resonó desde el exterior de la cabaña, seguido por el sonido de pasos que se acercaban rápidamente. Marta y Lucas intercambiaron miradas, sabiendo que algo iba mal. «Elena...», murmuraron ambos a la vez, recordando a su amiga que aún estaba afuera.

Marta se volvió hacia la puerta, con Lucas siguiéndola a escasos pasos. Juntos, salieron corriendo de la cabaña y se encontraron con Elena, quien los miraba con sorpresa desde la entrada. «¿Qué os pasa?», quiso saber ante la mirada de angustia de sus amigos. «Ahora os cuento», prometió Marta,

«pero, larguémonos de aquí ¡ya!».

Con sus corazones latiendo con fuerza y una sensación de temor acechando en cada sombra, los tres amigos se apresuraron a alejarse de la cabaña abandonada. A medida que se alejaban, Marta no pudo evitar mirar por encima de su hombro, sintiendo una presencia invisible observándolos desde la oscuridad del bosque.

3
LA BÚSQUEDA

Con el corazón aún palpitante por la experiencia en la cabaña, los tres amigos, con el eco de sus propios pasos resonando en el silencio de la noche, se apresuraron de regreso a Villa Redes. Cada huella marcaba su avance en el sendero, mientras la oscuridad del bosque los envolvía como un manto amenazador, susurros de ramas entrechocándose acompañaban su camino, creando una banda sonora inquietante para su huida.

Al llegar a casa de Marta, la urgencia marcaba cada uno de sus movimientos. Con gestos ansiosos, se dirigieron directamente al cuarto de la joven, donde se despojaron de sus cazadoras. Marta metió su mochila en el armario y encendió su ordenador portátil. Comenzó a buscar frenéticamente en internet cualquier información relacionada con la cabaña y los extraños fenómenos que habían presenciado. Elena y Lucas la observaban con nerviosismo, compartiendo comentarios y sugerencias mientras intentaban encontrar respuestas en la vasta red de información desde sus móviles y tablets, que habían extendido sobre la moqueta de la habitación.

Marta abrió su navegador y comenzó a buscar en Google sobre cabañas abandonadas y sucesos misteriosos en la región. Cada clic era como adentrarse en un laberinto de historias inquietantes y leyendas urbanas. Entre páginas web y foros de discusión, Marta buscaba desesperadamente alguna pista que pudiera arrojar luz sobre lo que había experimentado en la cabaña perdida en el bosque y el destello reflejado tanto en sus fotos como en las de sus amigos.

Elena, por su parte, revisó su perfil en una red social local con la esperanza de encontrar algún indicio entre sus contactos. Publicó una pregunta sobre experiencias extrañas en la cabaña, instando a cualquier persona que pudiera tener información a que se pusiera en contacto con ella. Sus dedos se movían con rapidez sobre el teclado, redactando cada palabra con precisión mientras esperaba ansiosamente cualquier respuesta que pudiera arrojar luz sobre lo sucedido.

Mientras tanto, Lucas navegaba por un oscuro y misterioso foro de discusión paranormal, sumergiéndose en relatos de eventos inexplicables y encuentros con lo sobrenatural. Sus ojos escudriñaban cada hilo de conversación, cada testimonio de quienes afirmaban haberse enfrentado a fenómenos más allá de la comprensión humana. Entre teorías conspirativas y relatos fantásticos, Lucas buscaba pistas que pudieran conectar su experiencia con otras ocurridas en lugares lejanos. Cada mensaje le acercaba un poco más al corazón del misterio, cada palabra escrita por desconocidos en la oscuridad de internet era una pieza más en el rompecabezas que intentaba resolver.

Sin embargo, a medida que pasaban las horas, la tensión entre ellos aumentaba, como una cuerda que se estiraba hasta su límite. Diferentes opiniones sobre cómo proceder generaban discusiones acaloradas, cada palabra convertida en una chispa que avivaba el fuego de la discordia y las emociones a flor de piel hacían que las palabras fueran afiladas como cuchillos.

—¡No podemos seguir perdiendo el tiempo así! —exclamó Marta, frustrada—. Necesitamos centrarnos y encontrar una solución.

—¡Pero no estamos encontrando nada útil en la red! —respondió Lucas, su voz cargada de desesperación—. ¿Y si todo esto es una pérdida de tiempo?

Elena intentaba calmar los ánimos con palabras suaves y gestos reconfortantes, pero incluso su paciencia infinita comenzaba a desgastarse ante la persistente discordia que llenaba la habitación. Incluso el silencio se volvía ensordecedor, mientras la tormenta emocional rugía en el interior de cada uno de ellos. Era evidente que con su búsqueda no estaban teniendo los resultados esperados, y aquello les frustraba ¡y mucho!

—¡Esto es ridículo! —exclamó Lucas—. Marta, ¿acaso crees que encontraremos información tan solo tecleando y esperando?

—¡No estoy diciendo eso! Pero tampoco tenemos muchas más opciones. —Marta volvió a prestar su atención a la pantalla de ordenador —. Si en vez de tanto protestar, te centraras en encontrar el foro correcto…

—¡Eso sí que no te lo consiento! Llevo aquí horas por una de tus sensaciones, así que…

La discusión escaló rápidamente, cada uno defendiendo su posición con vehemencia. Las palabras se convirtieron en dagas afiladas, hiriendo y dividiendo a los amigos que alguna vez fueron inseparables.

—¡Ya basta! —exigió Elena, frustrada por la falta de respeto entre sus amigos—. ¡No podemos seguir así!

Elena y Lucas intercambiaron miradas tensas, cada uno aferrándose obstinadamente a su punto de vista. La tensión en la habitación era casi palpable, y ninguno de los amigos estaba dispuesto a ceder.

—¡Esto es inútil! —protestó Lucas—. ¡No estamos logrando nada!

—¡Pero no podemos rendirnos ahora! —respondió Marta, su voz temblorosa pero firme—. ¡Hay algo más en esta cabaña, lo sé!

—Tal vez deberíamos tomar un descanso —sugirió Elena, suave pero decidida—. Todos estamos demasiado tensos y cansados como para seguir adelante.

Pasaron las horas, pero el sueño no llegaba a los ojos de los amigos. En sus respectivos colchones tirados en el suelo, cada uno revolvía sus pensamientos, tratando de encontrar respuestas a las preguntas sin resolver que rondaban sus mentes.

Marta se sentía abrumada por la responsabilidad de liderar la búsqueda de la verdad sobre la cabaña. Cada intento fallido de encontrar información en internet la hacía dudar de sus habilidades para resolver el misterio. Se preguntaba si tal vez habían estado persiguiendo sombras, si la cabaña realmente encerraba secretos oscuros o si todo era simplemente fruto de su imaginación.

Elena, por su parte, se sentía atrapada en medio de la tensión que había surgido entre sus amigos. Quería encontrar una manera de reconciliar sus diferencias y volver a la armonía que una vez compartieron, pero no sabía cómo hacerlo. Como tampoco sabía a ciencia cierta si toda aquella búsqueda basada en un brillo de unas fotos y la sensación de su amiga sería una tontería.

Lucas, enfadado y frustrado, se sentía impotente ante la falta de progreso en su búsqueda y la creciente tensión entre él y Marta. Se preguntaba si alguna vez podrían resolver el misterio de la cabaña, o si todo aquello era una absoluta pérdida de tiempo.

Finalmente, cuando los primeros rayos del sol comenzaron a filtrarse por las ventanas, los tres amigos se dieron cuenta de que no podían seguir así. Necesitaban dejar de lado sus diferencias y trabajar juntos si querían tener alguna esperanza de resolver el misterio de la cabaña. Con determinación renovada, Marta, Elena y Lucas se reunieron en la sala de estar de la casa de Marta para desayunar. Hablaron en voz baja, compartiendo sus pensamientos y preocupaciones mientras trataban de encontrar una forma de avanzar.

—Creo que nos hemos perdido en la búsqueda de respuestas —dijo Marta—. Nos hemos centrado demasiado en lo que encontramos en internet, y nos hemos olvidado de confiar en nuestras propias habilidades y conocimientos.

Elena asintió, reconociendo la validez de las palabras de su amiga.

—Tienes razón —dijo ella—. Tal vez deberíamos dejar de buscar respuestas fuera y comenzar a buscarlas dentro.

Lucas frunció el ceño, pensativo.

—Pero, ¿cómo podemos estar seguros de que nuestras propias respuestas son válidas? —preguntó él—. ¿Y si nos estamos engañando a nosotros mismos?

Marta sonrió, con una chispa de determinación en sus ojos.

—Solo hay una forma de averiguarlo —dijo—. Tenemos que volver a la cabaña.

Los tres amigos se miraron entre sí, compartiendo una mirada de complicidad y determinación. Sabían que el camino por delante sería difícil y peligroso, pero estaban dispuestos a enfrentarlo juntos, como lo habían hecho tantas veces antes. Regresaron a la habitación, cogieron todos sus dispositivos recién cargados y salieron de casa de Marta para enfrentar su próximo desafío. Aunque el camino por delante estaba lleno de incertidumbre, sabían que mientras estuvieran juntos, podrían superar cualquier obstáculo.

Decididos a resolver el misterio del destello en sus selfis, intercambiaron miradas determinadas y se dirigieron de vuelta hacia la cabaña. El aire estaba lleno de una mezcla de emoción y nerviosismo mientras se adentraban en el bosque, cada paso acercándolos un poco más a la verdad que buscaban.

A medida que se acercaban al claro donde se alzaba la edificación, Marta sacó su teléfono móvil y comenzó a buscar en la red su localización. Sin embargo, la señal en el bosque era débil y apenas podían cargar una página web.

—No podemos depender de internet para todo.

—Marta se guardó el teléfono en el bolsillo—. Vamos a tener que confiar en nuestros propios instintos y habilidades para resolver esto.

Con esa determinación, los tres amigos continuaron su camino. A medida que se acercaban, podían sentir la energía en el aire, una mezcla de anticipación y misterio que los impulsaba hacia adelante.

Finalmente, llegaron a la cabaña y se detuvieron frente a ella, observándola con cautela. El sol brillaba sobre el techo de pizarra, iluminando las paredes desgastadas y las ventanas polvorientas. Pero a pesar de su apariencia desolada, la cabaña parecía estar llena de vida, zumbando con una energía misteriosa que los llamaba hacia su interior. A medida que Marta, Elena y Lucas exploraban la cabaña, se dieron cuenta de que todo parecía estar igual que la última vez que estuvieron allí. Las mesas cubiertas de polvo seguían siendo testigos silenciosos del paso del tiempo, las telarañas colgaban del techo como delicadas cortinas atrapadas en el olvido, y la oscuridad envolvía cada rincón, ocultando secretos que se resistían a ser revelados.

—¿No es extraño? —murmuró Elena, pasando la mano por la superficie polvorienta de una mesa—. Pensé que encontraríamos algo nuevo esta vez.

Marta suspiró, sintiendo cómo la emoción se desvanecía lentamente de su pecho.

—Sí, eso pensé yo también. Pero parece que estamos en punto muerto.

Lucas asintió, mirando a su alrededor con expresión decepcionada.

—Quizás deberíamos haber investigado más en redes antes de venir aquí. Tal vez podríamos haber encontrado algo que nos ayudara a entender lo que está pasando… ¿Habéis chequeado TikTok? A veces hay videos en los que…

—Sea como sea, aquí dentro no hay ni rastro de cobertura —recordó Elena.

—Es como si la cabaña estuviera protegida de alguna manera —murmuró Marta para sí.

—¿Qué hacemos ahora? —preguntó Elena, su voz resonando en la oscuridad.

Marta se mordió el labio, pensando en la mejor manera de proceder.

—Creo que deberíamos volver a revisar cada rincón de la cabaña. Tal vez nos hemos perdido algo, algún detalle que pueda arrojar luz sobre lo que está pasando aquí.

Los tres amigos se dispersaron por la cabaña, examinando cada mueble y cada rincón en busca de cualquier pista que pudieran haber pasado por alto. Sin embargo, a medida que pasaban los minutos y la frustración crecía, comenzaron a preguntarse si alguna vez encontrarían las respuestas que buscaban. Marta fotografió cada rincón, pero nada se reveló frente al objetivo de la cámara de su móvil, demasiada oscuridad. Además, tenía la sensación de haber fotografiado cada grieta de cada pared, cada telaraña de los muebles.

Esto es una pérdida de tiempo —murmuró Lucas, dejando caer los hombros con desánimo—. Aquí no hay nada.

Marta lo miró con tristeza, sintiendo cómo la esperanza se desvanecía poco a poco.

—No podemos rendirnos ahora —dijo, tratando de mantener la determinación en su voz—. Tal vez haya algo que estamos pasando por alto.

Sin embargo, a medida que continuaban inspeccionando la cabaña, se dieron cuenta de que todo seguía igual. La sala de experimentos estaba tan desierta como la última vez, las mesas cubiertas de polvo no revelaban ningún secreto oculto, y la oscuridad persistía en envolverlos en su abrazo frío y silencioso.

—Lo siento, chicos —dijo Marta, luchando por contener su propia decepción—. Pensé que encontraríamos algo esta vez.

Con un suspiro resignado, los tres amigos dejaron la cabaña atrás y se adentraron en el bosque una vez más.

4
LA BIBLIOTECA

Los días siguientes transcurrieron con una monotonía inquietante en la vida de Marta. Como siempre, en casa, apenas coincidía con sus padres, quienes estaban sumergidos en sus respectivos trabajos, ya fuera en las oficinas o en los despachos improvisados que habían montado en casa. El constante zumbido de las impresoras y el *clic-clic* de los teclados llenaban el ambiente, creando una atmósfera de ocupación permanente.

En el instituto, Marta seguía las clases a través de su tablet y su portátil escolar, manteniendo una distancia virtual con sus compañeros. Observaba cómo, al igual que ella, la mayoría de ellos mantenían la cabeza agachada sobre las pantallas de sus dispositivos, absortos en sus propios mundos digitales. Los pequeños grupos que se formaban fuera de las aulas apenas intercambiaban palabras, concentrados en sus conversaciones virtuales más que en las reales.

El silencio reinaba en Villa Redes, tanto en el instituto como en las calles. Las fotos que Marta encontró en la cabaña ahora cobraban un significado aún más inquietante, reflejando la quietud y la falta de movimiento que había empezado a notar en su entorno. A medida que caminaba por las calles desiertas, Marta se sentía cada vez más sola, como si estuviera atrapada en una burbuja de silencio que la separaba del mundo exterior.

Además, durante los últimos días, el grupo de chat de *El misterio del selfi fantasma* había permanecido extrañamente callado. Ningún mensaje nuevo iluminaba la pantalla de su teléfono, ninguna notificación rompía el silencio digital que los envolvía. Marta suponía que los demás miembros del grupo estaban tan decepcionados como ella por no haber encontrado ninguna pista sobre la cabaña y el destello misterioso que habían capturado en sus selfis.

La sensación de desconexión y aislamiento se apoderaba lentamente de Marta, envolviéndola en una neblina de incertidumbre y temor. Mientras el mundo a su alrededor se sumía en el silencio, ella se aferraba a la esperanza de que algún día encontraría las respuestas que tanto ansiaba, aunque eso significara adentrarse en lo desconocido y enfrentarse a los secretos ocultos de Villa Redes.

Por eso, durante las últimas noches, Marta se sumergió en una investigación mucho más profunda que la llevada a cabo con sus amigos. Dedicó horas a examinar minuciosamente cada una de los cientos de fotos que había tomado dentro y fuera de la cabaña. Utilizó una variedad de aplicaciones profesionales de fotografía para realzar los detalles y mejorar la calidad de las imágenes. Sin embargo, sus esfuerzos no parecían dar resultados. Por más que buscaba en internet y analizaba cada rincón de las fotografías, no lograba encontrar ninguna pista que la acercara al origen del destello misterioso.

Fue entonces cuando, uno de los buscadores en los que había introducido una de las fotos que ella misma había hecho a la cabaña, le devolvió una imagen borrosa de esta que llamó su atención. Aunque la calidad de la imagen dejaba mucho que desear, Marta logró distinguir un título borroso al pie de la foto: *Archivo procedente de la biblioteca pública*. El corazón le dio un vuelco en el pecho mientras una chispa de esperanza se encendía en su interior. Decidió que al día siguiente visitaría aquel edificio que parecía abandonado, ubicado en las afueras de Villa Redes. Un edificio que no había pisado en su vida.

Al día siguiente, Marta se levantó temprano, apenas había descansado unas pocas horas debido a su incesante búsqueda de respuestas. A pesar del cansancio, la emoción y la determinación la impulsaron a levantarse de la cama y prepararse para su visita a la biblioteca. Había decidido no avisar a sus amigos para no aumentar su decepción en el caso de que no encontrase información al respecto; aunque, algo dentro de ella le decía que por fin había encontrado un hilo del que tirar.

Al llegar al edificio, Marta se detuvo un momento para observarlo. La fachada gris y descascarada estaba salpicada de manchas de humedad, y algunas ventanas estaban cubiertas de polvo y suciedad. Una sensación de abandono y desolación se apoderaba del lugar, como si la biblioteca hubiera sido olvidada por el tiempo y la comunidad que alguna vez la frecuentó.

Con paso vacilante, Marta empujó la puerta principal y entró en el vestíbulo, que estaba oscuro y silencioso. El eco de sus pasos resonaba en las paredes desnudas, mientras avanzaba hacia el mostrador de información, apenas visible en la penumbra. Una vez dentro, Marta se encontró con la bibliotecaria, cuya mirada cansada y triste parecía reflejar el estado de abandono del lugar. Sin embargo, a pesar de su aspecto desaliñado, esta recibió a Marta con amabilidad, escuchando con atención su solicitud de ayuda.

Después de un momento de consulta en un viejo catálogo de archivos, la bibliotecaria desapareció entre las sombras de los estantes, buscando en los rincones más oscuros del edificio en busca de información. Finalmente, regresó, sosteniendo un libro cubierto de polvo en sus manos. «Encontré esto», dijo, extendiendo el libro hacia Marta con una sonrisa cansada, «es lo único que he podido encontrar sobre la cabaña del bosque».

Marta cogió el libro con manos temblorosas, sintiendo la emoción y la anticipación correr por sus venas. Con cuidado, lo abrió y comenzó a hojearlo, buscando cualquier pista que pudiera llevarla más cerca de la verdad que tanto ansiaba. A medida que avanzaba por las páginas desgastadas y amarillentas, Marta se encontró con una entrada que parecía prometedora. Una breve descripción de una cabaña en el bosque, propiedad de una familia desconocida, despertó su interés y avivó su determinación de resolver el misterio que rodeaba aquel lugar.

Pero lo que más llamó su atención fue la fotografía en blanco y negro que acompañaba la descripción. En la foto, se veía a una familia —los Montenegro— parada frente a la cabaña. Dos hombres, con expresiones serias y firmes, flanqueaban a una mujer con una mirada penetrante. La mujer sostenía a un bebé en brazos, mientras los hombres parecían proteger la propiedad con determinación. A pesar de que la imagen era antigua y algo borrosa, Marta no pudo evitar notar el parecido entre los hombres en la foto y los que aparecían en la que encontraron en la cabaña abandonada.

Con el corazón latiendo con fuerza, Marta tomó fotos de las páginas que trataban sobre los Montenegro y cerró el libro con cuidado. La conexión entre las dos imágenes solo servía para aumentar su intriga y su deseo de descubrir la verdad. Pero antes de poder seguir investigando, Marta se dio cuenta de que la biblioteca estaba a punto de cerrar. Decidió que lo mejor sería regresar a casa y continuar su búsqueda en internet, ahora sí contaba con cierta información de la que tirar. Para empezar, el nombre de la familia de la foto. Sabía que tenía que compartir sus descubrimientos con Elena y Lucas, pero una parte de ella también sentía la necesidad de mantener esta nueva pista en secreto hasta que pudiera confirmar más detalles.

En cuanto llegó a casa, encendió su portátil y comenzó a buscar información sobre la familia Montenegro. Después de varios intentos infructuosos, finalmente dio con una referencia en un antiguo periódico digital de Villa Redes.

El artículo hablaba sobre un incidente ocurrido hace décadas en la cabaña de los Montenegro, un suceso que involucraba a los hombres de la fotografía y que había sido tema de especulación en el pueblo durante años. Desde que la mujer de la foto encontrada en la biblioteca, hermana de los Montenegro, desapareció con su hijo sin dejar rastro, los hombres de la familia no quisieron relacionarse con el resto del pueblo, ni siquiera salían de la cabaña y el claro que la rodeaba. Cultivaban sus propios alimentos, construían sus propios pozos… hicieron cuanto estuvo en sus manos para no tener que coincidir con nadie.

Nada más se supo sobre la hermana de estos; las habladurías del pueblo contemplaban diferentes opciones. Desde que la mujer había decidido abandonar la tristeza y monotonía del claro del bosque, hasta que se había fugado con unos titiriteros que habían estado deambulando por la villa durante un par de semanas.

El caso era que la muchacha y su bebé desaparecieron, y a los hermanos Montenegro no se les volvió a ver hasta que los servicios sociales se hicieron cargo de ellos, debido a su avanzada edad.

Marta se sumergió en el silencio de su habitación, dejando que las palabras del artículo resonaran en su mente. Cada detalle, cada revelación, le hacía sentir más cerca del porqué de aquel destello en los selfis. Sin embargo, sabía que no podía permitirse actuar precipitadamente. Necesitaba tiempo para reflexionar, para procesar la información que había descubierto y averiguar cómo utilizarla hasta desentrañar el misterio del destello fantasmal.

El reloj de su portátil marcaba las horas mientras Marta se perdía en sus pensamientos. Sintió la tentación de compartir sus hallazgos con Elena y Lucas de inmediato. Pero algo en su interior le decía que era mejor esperar, que necesitaba ordenar sus ideas antes de contactar con sus amigos. Recordó la tensión que había surgido entre ellos, la frustración que los había llevado a discutir. Marta no quería repetir ese error. Sabía que todos estaban agotados, tanto física como mentalmente, por la búsqueda infructuosa de respuestas. La constante necesidad de encontrar algo nuevo y emocionante había empezado a pasar factura.

Consciente de esta dinámica, Marta decidió tomarse un descanso. Cerró el portátil y se levantó de la silla, dejando que sus pensamientos se aquietaran mientras caminaba por la habitación. Finalmente, se recostó en su cama, cerrando los ojos y respirando profundamente. Dejó que la calma del silencio la envolviera, alejando por un momento el constante zumbido de las redes sociales y las notificaciones de sus dispositivos.

Marta se sumergió en sus reflexiones, dejando que la tranquilidad de la habitación la envolviera como un reconfortante abrazo. Reflexionó sobre la importancia de estos momentos de soledad, de desconexión del constante flujo de información que inundaba su vida a través de la red. Se preguntó si realmente necesitaba compartir cada pensamiento, cada descubrimiento, con el resto del mundo.

¿Acaso no había belleza en la intimidad de guardar un secreto, de mantener una parte de sí misma reservada solo para ella?

Era consciente de que iba a compartir la historia de los Montenegro con sus amigos; al fin y al cabo, Elena y Lucas también estaban involucrados en el misterio del selfi fantasma, pero necesitaba tiempo para ello. Para ordenar sus razonamientos, y exponérselos a ambos evitando conflictos. Esto le llevó a la siguiente cuestión: ¿Es necesario compartir minuto a minuto cada uno de nuestros pensamientos o experiencias con el resto del mundo? Ella acababa de descubrir que no. Que a veces es necesario parar, respirar, pensar y actuar. Estaba descubriendo que la prisa por compartir su vida podía llevar a malentendidos y conflictos innecesarios, y que era mejor tomarse un tiempo para ordenar sus ideas y emociones antes de exponerlas al escrutinio público.

Marta cerró los ojos y se permitió disfrutar de este instante de serenidad. Sabía que, cuando llegara el momento adecuado, estaría lista para compartir sus pensamientos con Elena y Lucas. Pero por ahora, necesitaba este tiempo para sí misma, para explorar su propia mente y corazón en busca de respuestas.

A la mañana siguiente, aprovechando que era fin de semana y no tenía clase, se sumergió en una búsqueda exhaustiva en internet, utilizando todos los recursos a su disposición para encontrar más información sobre los Montenegro. Pasó horas navegando por páginas web, leyendo artículos y revisando archivos históricos en línea, pero sus esfuerzos parecían ser en vano. Por más que intentara, no lograba encontrar nada relevante que pudiera arrojar luz sobre la extraña desaparición de María Montenegro y su bebé. Se habían evaporado y punto.

Frustrada y desanimada, Marta cerró su portátil con un suspiro. Se dio cuenta de que estaba en un callejón sin salida y que seguir buscando por su cuenta no la llevaría a ninguna parte. Necesitaba la ayuda de sus amigos, Juntos, podrían compartir ideas, investigar de manera más efectiva y trabajar en equipo para resolver el misterio que envolvía a los Montenegro y su cabaña del bosque. Había llegado el momento de contarles lo que había descubierto y confiar en que esta vez colaborarían entre todos de una manera más efectiva. Teniendo en cuenta que en estos momentos contaba con bastante más información que la semana pasada, confiaba en que sus amigos se animaran a retomar la investigación.

Con esta conclusión en mente, Marta decidió enviar un mensaje a su chat grupal. Escribió con determinación, expresando su necesidad de contarles sus avances. Al enviar el mensaje, sintió un peso levantarse de sus hombros. Había dado un paso en la dirección correcta, lo sabía. Ahora solo tenía que esperar la respuesta de

Elena y Lucas, con la esperanza de que estuvieran dispuestos a unirse a ella.

Apenas había tenido tiempo de recostarse en su cama y cerrar los ojos por un instante cuando el sonido de una notificación en su teléfono la sacó de su breve descanso. Con curiosidad, desbloqueó la pantalla y leyó el mensaje entrante. Una sonrisa de alivio se extendió por su rostro al ver que ambos aceptaban de inmediato su invitación para reunirse y continuar la investigación juntos. Rápidamente, Marta respondió con entusiasmo, confirmando la hora y el lugar de encuentro. Pocos minutos después, escuchó el sonido del timbre, indicando que sus amigos habían llegado. Marta los recibió con una sonrisa mientras los conducía a su habitación, donde el ambiente se llenó de la energía vibrante de la investigación en curso.

Los tres se acomodaron en el suelo, rodeados de sus dispositivos electrónicos y papeles dispersos. Era como si la discusión anterior no hubiera sucedido; en su lugar, reinaba un espíritu renovado de cooperación y determinación. Ahora, con más información en su haber, estaban listos para enfrentar los misterios que aún les esperaban. Elena, Lucas y Marta intercambiaron ideas y teorías, compartiendo descubrimientos y debatiendo sobre los próximos pasos a seguir. A medida que profundizaban en la investigación, la emoción crecía en el aire, alimentada por la promesa de resolver el misterio del selfi fantasma que los había mantenido intrigados durante semanas.

—Está claro que en la red no encontraremos más información —afirmó Marta—. La desaparición de María Montenegro sucedió hace años, no hay más registros que artículos antiguos, ni siquiera hubo investigación policial.

—Pues, volver a la cabaña ya sabemos que tampoco ayudará —recordó Elena.

Mientras, Lucas permanecía absorto en la pantalla de su móvil. Con determinación en sus ojos, anunció su plan a sus amigas, quienes lo escucharon con interés.

«Pidamos ayuda», sugirió Lucas, y sin perder tiempo, les explicó su idea. Crearía varios hashtags en cada una de sus redes sociales, etiquetas diseñadas para llamar la atención sobre los Montenegro: #Losmontenegro #Villaredes #Lacabañadelbosque #Maríamontenegro.

Marta y Elena asintieron, comprendiendo el enfoque de Lucas y dispuestas a colaborar.

—El destello fantasma nos lo guardamos para nosotros

—proclamó Lucas con decisión, marcando un límite claro en cuanto a qué información compartirían públicamente—. Pero alguien tiene que saber más sobre la historia de la cabaña. Todo es cuestión de encontrar a ese alguien.

Los tres amigos comenzaron a compartir los hashtags creados por Lucas en todas sus redes sociales, acompañados de un llamamiento urgente a sus contactos. Esperaban que, entre todos sus conocidos, alguien pudiera proporcionar información adicional que los acercara a una comprensión más profunda de la historia de la cabaña.

Los días pasaron mientras Marta, Elena y Lucas aguardaban con impaciencia alguna respuesta a su llamada en las redes sociales. Revisaban constantemente sus dispositivos, esperando ver alguna notificación que indicara que alguien había respondido al llamado de ayuda.

El tiempo transcurrió lentamente, y los días se convirtieron en semanas sin que llegara ninguna respuesta relevante. A pesar de sus esfuerzos por difundir el mensaje y captar la atención, parecía que el misterio de la cabaña del bosque y el destello fantasma seguían sin interesar a nadie más que a ellos.

La frustración comenzó a apoderarse de los tres amigos, quienes veían cómo sus esperanzas de encontrar respuestas, de nuevo, se desvanecían poco a poco. Marta se mordía el labio con ansiedad, preguntándose si habían cometido un error al confiar en las redes sociales como fuente de información. Elena miraba con resignación la pantalla de su móvil, preguntándose si alguna vez encontrarían la clave para resolver el enigma que los había llevado hasta allí. Y Lucas, aunque seguía publicando y compartiendo los hashtags con determinación, comenzaba a cuestionarse si estaban buscando en el lugar correcto.

Sin embargo, a pesar de su desaliento, los tres amigos se aferraban a la esperanza de que, en algún momento, alguien respondería y los ayudaría a desentrañar el misterio que rodeaba la cabaña del bosque. Sabían que no podían darse por vencidos, que debían seguir buscando pistas y respuestas dondequiera que pudieran encontrarlas.

5
LA DECEPCIÓN

Marta recibió aquel correo electrónico en un descanso entre clases. Jamás la habían citado para una videoconferencia escolar junto a sus padres. Sin embargo, no le extrañó. Sus notas habían bajado considerablemente en el último mes; nunca había destacado por estas, pero tampoco por sus suspensos, suspensos que llevaba acumulando, sobre todo, en la última semana. Sentía un nudo en el estómago solo de pensar en la conversación que tendría que afrontar más tarde.

—¿Ocurre algo? —preguntó Cora, su compañera de clase, notando su preocupación.

—No, no… nada.

—No sé, Marta… llevas una temporada muy rara —Cora buscaba encontrar en la mirada de su amiga alguna pista de su distanciamiento de los últimos meses, pero Marta seguía pendiente de su teléfono móvil, evitando todo contacto visual—. No sales de la villa, apenas nos cruzamos en clase… ¿te pasa algo?

—Eh… no, no… debo irme.

Y así lo hizo. Dejando a la que había sido su compañera de pupitre durante años con la palabra en la boca.

Marta se dirigió rápidamente hacia el rincón más apartado del patio. Necesitaba un momento para procesar el correo electrónico y decidir cómo iba a enfrentar esa videoconferencia con sus padres y los profesores. La preocupación por sus notas y su comportamiento reciente la había estado carcomiendo por dentro, pero no había sabido cómo expresarlo. Sabía que tenía que hacer algo al respecto, pero la presión de resolver el misterio de la cabaña y la obsesión con los Montenegro la había distraído completamente de sus responsabilidades académicas.

Mientras miraba la pantalla de su móvil, Marta sentía el peso de las últimas semanas sobre sus hombros. La obsesión con la cabaña del bosque, los Montenegro y el destello fantasma había consumido gran parte de su tiempo y energía. Había descuidado sus estudios, a sus amigos y, en muchos sentidos, a sí misma. Sabía que tenía que encontrar un equilibrio, pero cada vez que intentaba alejarse del misterio, algo la arrastraba de vuelta.

La videoconferencia estaba programada para esa misma tarde. Marta se dirigió a casa con el corazón acelerado, ensayando en su mente las respuestas que daría a las inevitables preguntas de sus padres y profesores. En cuanto llegó, se encerró en su habitación, tratando de calmar sus nervios. Finalmente, se conectó a la reunión, con sus padres sentados a su lado, ambos con expresiones de preocupación. Fue su madre quien rompió el silencio que anticipaba la reunión escolar.

—¿Tienes algo que decirnos antes de que empecemos, Marta?

—No.

Fue la única palabra que salió de su boca, casi inaudible, mientras miraba fijamente la pantalla de su portátil.

La reunión apenas duró veinte minutos, pero fueron suficientes para informar a sus padres sobre el bajón, tanto de atención como académico, que había sufrido en las últimas semanas. Los profesores detallaron cómo Marta, que nunca había sido una estudiante ejemplar pero tampoco problemática, había comenzado a mostrar un desinterés alarmante por sus estudios. Las notas habían caído en picado y las faltas de atención en clase se habían vuelto recurrentes.

—Es preocupante ver este cambio tan drástico en ella —dijo su tutora, con una expresión seria en el rostro—. Hemos notado que pasa mucho tiempo mirando su móvil durante las clases, incluso en aquellas en las que antes participaba activamente.

La tutora no se detuvo ahí. Decidió compartir con los padres de Marta su creciente dependencia del dispositivo móvil y su reciente afición a consultar redes sociales durante la impartición de las clases. Fue esto último lo que enfureció más a su padre, quien hasta ese momento se había mantenido callado, observando la reunión con una expresión severa.

La videoconferencia llegó a su fin, y mientras los profesores se despedían, el ambiente en la sala estaba cargado de tensión. Marta sentía que la cabeza le iba a explotar de la presión y la culpa. Apenas podía levantar la mirada del suelo, consciente de que había defraudado a sus padres y a sí misma. Cuando la reunión terminó, su padre se volvió hacia ella, su rostro estaba rojo de la ira contenida.

—Dame el móvil —le ordenó, su voz firme y sin espacio para la discusión.

—Pero, papá… —Marta intentó protestar, el pánico reflejado en sus ojos.

—¡Dame el móvil, no te lo repito más! —insistió él, elevando la voz, algo poco común en él y que solo ocurría en situaciones graves.

Con lágrimas en los ojos, Marta obedeció, sacando su móvil del bolsillo y entregándoselo con las manos temblorosas. Sentía una mezcla de rabia, vergüenza y tristeza. En cuanto su padre tuvo el móvil en sus manos, Marta subió corriendo las escaleras, enfurecida, encerrándose en su habitación con un portazo que resonó por toda la casa. Se dejó caer sobre la cama, las lágrimas rodando libremente por sus mejillas. Todo lo que había ocurrido en las últimas semanas, la obsesión con el misterio de la cabaña, el distanciamiento de sus compañeros de clase, el descenso en sus notas y ahora la confiscación de su móvil, se arremolinaba en su mente, creando una tormenta de emociones difíciles de manejar.

Mientras sollozaba, se dio cuenta de que estaba atrapada en un ciclo del que no sabía cómo salir. Necesitaba a sus amigos, necesitaba resolver el misterio, pero también necesitaba recuperar el control de su vida. El móvil, que hasta ese momento había sido su conexión con el mundo y una herramienta para su investigación, ahora se había convertido en una carga, un símbolo de su distracción y caída.

Después de un rato, Marta se secó las lágrimas con el dorso de la mano y se sentó en su escritorio. Tenía que encontrar una manera de equilibrar todo. No podía dejar que su vida se desmoronara más. Tomó un cuaderno y comenzó a escribir, tratando de organizar sus pensamientos y formular un plan para arreglar las cosas, tanto en sus estudios como en la investigación del misterio. Sabía que tenía que hablar con Elena y Lucas, pero esta vez, no solo sobre el misterio, sino también sobre cómo se sentía y cómo podrían ayudarse mutuamente a mantener el equilibrio entre sus vidas y su investigación. No podía seguir sola en esto. Y aunque no tenía su móvil, tenía que encontrar una manera de comunicarse con ellos y pedir su apoyo. Para ello, utilizó su portátil escolar. Abrió el chat del centro y mandó sendos mensajes a Elena y Lucas.

El lunes a la salida de clases, en el banco del parque. Mis padres han tenido una reunión con mi tutora.
Me han quitado el móvil.

Después de enviar los mensajes, Marta se recostó en su silla, sintiendo el peso de la situación. Sabía que la reacción de sus amigos sería crucial, y aunque estaba ansiosa por su respuesta, también estaba nerviosa por lo que podrían decir. Ninguno de los dos tardó en contestar. El primero fue Lucas. El mensaje de su amiga lo había sumido en un verdadero reconcome. A él también lo habían citado para una conferencia con sus padres el lunes, y la noticia de Marta solo había aumentado su preocupación.

Marta, siento mucho lo de tu móvil. A mí también me han citado para una reunión con mis padres el lunes. Esto se nos está yendo de las manos. Nos vemos el lunes en el parque.

Por su parte, Elena, aunque no había variado en sus pésimas calificaciones, estaba preocupada por sus amigos. Era consciente de que todo aquello del selfi fantasma se les estaba yendo, efectivamente, de las manos. Además, ella también había sentido la presión de las expectativas de sus padres y profesores. Al leer el mensaje de Marta, sintió un nudo en el estómago.

Lo siento mucho, Marta. No puedo creer que te hayan quitado el móvil. Nos vemos el lunes.
Tenemos que hablar de esto.

El fin de semana pasó lentamente para Marta. Cada minuto sin su móvil se sentía como una eternidad. No obstante, trató de hacer tanto del sábado como del domingo días productivos. Se marcó unos objetivos: el sábado lo dedicaría a ponerse al día con sus estudios.

La situación en casa era de lo más incómoda. La tristeza en los ojos de su madre contrarrestaba con la seriedad del rictus de su padre, que apenas la saludaba. Pero si algo tenían ambos en común era la decepción que reflejaba cada uno de sus silencios. Marta sentía el peso de esa decepción cada vez que se cruzaba con ellos en casa. Las comidas eran tensas, con su padre centrado en su plato y su madre lanzando miradas furtivas, tratando de encontrar una manera de romper el hielo. Marta, sin embargo, mantenía la cabeza gacha, enfocada en su comida y tratando de evitar cualquier confrontación.

Siempre había sido una chica resolutiva. Si algo le molestaba, lo cambiaba. Si algo no funcionaba, buscaba la manera de solucionarlo. Era lista. Sabía que la única forma de que la normalidad volviera a su hogar era retomar sus estudios y recuperar el tiempo perdido. Así lo hizo. Pasó gran parte de la mañana y de la tarde del sábado en su escritorio, revisando y estudiando apuntes. Se sumergió en ellos, tratando de comprender conceptos que había dejado pasar en las últimas semanas. La sensación de progresar en sus estudios le dio un pequeño alivio, un respiro en medio de la tormenta que era su vida en ese momento. Su padre pasó varias veces por la puerta abierta de su habitación, observándola en silencio. Marta sentía su mirada y se esforzaba aún más, esperando que sus esfuerzos fueran suficientes para empezar a reparar la relación entre ambos.

El domingo, en cambio, decidió que sería buen momento para sacar todos los objetos encontrados en la cabaña del bosque y echarles un vistazo en busca de algún tipo de inspiración que le indicara por dónde seguir. Extendió los objetos sobre su cama: viejas fotografías, documentos polvorientos y pequeños artefactos que parecían pertenecer a otra época. Mientras los examinaba uno por uno, su mente volvía al día en que los encontraron, recordando la emoción y el miedo que habían sentido.

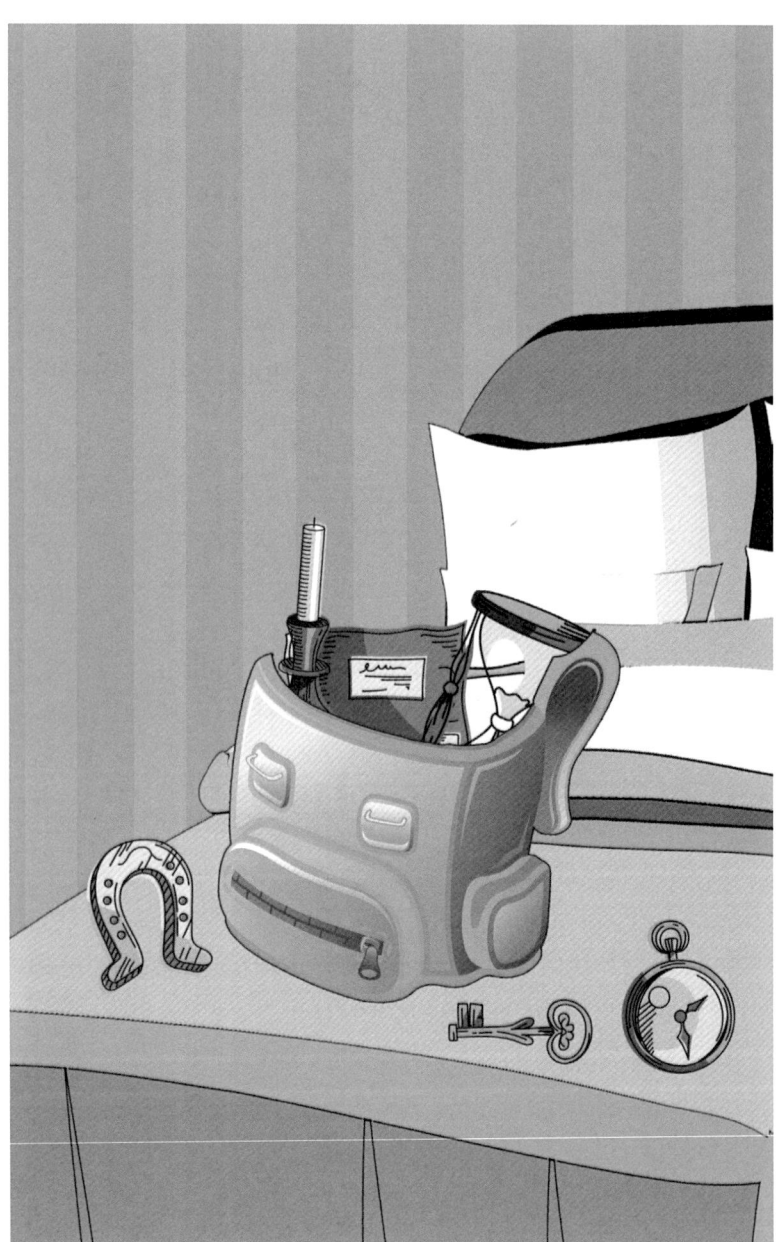

Sin embargo, las musas no aparecieron. Por más que examinaba los documentos desde diferentes ángulos y bajo diferentes luces, no encontraba ninguna pista nueva. Eran ilegibles en su mayoría, y las fotografías no revelaban nada más allá de lo que ya sabía. Marta se sintió frustrada, pero decidió no rendirse. Sabía que cada pequeño detalle podía ser importante, así que anotó todo lo que le parecía relevante en un cuaderno.

Efectivamente, no utilizó el ordenador, no fuera a ser que se metiera en algún lío por usar su portátil escolar para tales menesteres. Esa también había sido la razón por la cual no había utilizado el buscador para nada referente a la cabaña del bosque. No quería ni necesitaba más problemas. La decepción de su padre seguía resonando en su mente y la mirada de su madre, mezcla de tristeza y preocupación, la acompañaba en cada pensamiento.

A pesar de la falta de nuevas pistas, su meta de sobrevivir a un fin de semana productivo la había cumplido. Había retomado sus estudios y se había enfrentado al misterio con determinación. Mientras guardaba los objetos de nuevo en la caja, se prometió que seguiría buscando respuestas. La investigación no había terminado, solo estaba en una pausa.

Por la noche, antes de acostarse, Marta se permitió un momento de reflexión. A pesar de todo, había logrado mantenerse ocupada y productiva. Había dado un paso hacia la normalidad y, aunque sabía que el camino sería largo, estaba decidida a seguir adelante. Miró la caja con los objetos de la cabaña una vez más y apagó la luz.

6
EL REGRESO

Al despertarse, Marta notó algo extraño en el ambiente. Y tan extraño... ¡olía a tortitas! «¿Un lunes?», se preguntó, «pero, si hace años que no desayunamos todos juntos...». Bajó las escaleras de dos en dos y se quedó boquiabierta al llegar a la cocina y ver a sus padres, ya vestidos, sentados a la mesa frente a un desayuno que ni los hoteles de las mejores zonas costeras.

—Siéntate, cariño —dijo su madre mientras le servía zumo de naranja recién hecho.

Obedeció, ignorando el motivo de tan buen humor. Trató de mantenerse a la expectativa, no entendía nada. Sin embargo, el olor de las tortitas y el chocolate recién hecho, le hizo bajar sus defensas y entregarse a aquel desayuno tan inesperado como delicioso.

—Queremos pedirte perdón.

Aquellas palabras de su padre la hicieron regresar al mundo real. Literalmente, tras escucharlas, se quedó con la boca abierta y con la cuchara a medio camino entre la taza de chocolate y sus labios.

—Lo hemos hecho fatal —continuó su padre—. Deberíamos haber estado más pendientes de ti, comunicarnos más contigo, pero… ¡malditas responsabilidades diarias!

—Cariño, por favor… esa boca —interrumpió su madre, para después continuar—. Marta, necesitamos saber si te ocurre algo y tratar de solucionarlo. Siempre has sido muy responsable, por eso lo que nos contó tu tutora nos pilló completamente desprevenidos.

Marta miró a sus padres, todavía aturdida. Nunca había esperado una reacción así. Habían estado tan distantes últimamente, inmersos en sus trabajos y ocupaciones, que este gesto la descolocaba por completo. El rostro de su madre reflejaba preocupación genuina y el de su padre, una mezcla de arrepentimiento y seriedad que pocas veces había visto.

—No es nada —murmuró—. Es solo… el colegio, los exámenes…

—Sabemos que hay algo más, Marta —la interrumpió su padre con voz suave—. Sabemos que no es solo eso. Te hemos visto, absorta en tu móvil, desconectada de todo lo demás. Y entendemos que en parte es nuestra culpa por no estar más presentes.

Marta sintió un nudo en la garganta. Sus padres estaban haciendo un esfuerzo real por conectar con ella, algo que hacía tiempo no sucedía. Les debía la verdad.

—Es que… hay algo que ha estado pasando —empezó a decir, sin saber muy bien cómo abordar el tema del selfi fantasma—. He estado muy metida en un proyecto con mis amigos, intentando descubrir algo sobre una cabaña en el bosque. Nos ha absorbido mucho tiempo y... creo que me ha afectado más de lo que pensaba.

Sus padres intercambiaron miradas preocupadas pero comprensivas. Su madre fue la primera en responder.

—¿Quieres contarnos de qué se trata?

La sonrisa de Marta lo fue todo para su madre. Siguió sonriendo mientras veía a su hija subir las escaleras de dos en dos sin saber a dónde se dirigía.

—¡Date prisa o llegarás tarde a clase! —advirtió su padre.

No tardó ni un minuto en regresar a la cocina con el álbum de fotos y las cartas que había encontrado en la cabaña. Tampoco tardó en resumirles a sus padres la historia del selfi fantasma. Sí, no se guardó ningún secreto. Tampoco su idea de que el brillo de las fotos pudiera tener algo que ver con el más allá. Si ellos habían abordado su problema escolar con la más absoluta sinceridad, ella les debía lo mismo.

—Deberías preguntarle a tu tutora —dijo su padre—. Al fin y al cabo, su familia lleva viviendo aquí antes de que le cambiaran el nombre a la villa.

La cara de Marta reflejaba mil interrogantes. ¿Acaso debía compartir su hallazgo con más personas? Y no con cualquiera... sino con la persona que había destapado su obsesión.

—Además —añadió su madre—, ella siempre te ha tratado muy bien. Quizás, plantearle tus dudas le ayude a comprender tu cambio de actitud en clase.

—Sea como sea, ¡fin de la charla! Cada mochuelo a su olivo... o, mejor dicho, a sus quehaceres. ¡Vamos tarde, señoritas! —exclamó su padre.

Marta se levantó de la mesa con gesto reflexivo, sintiendo una extraña mezcla de alivio y nerviosismo que le recorría la piel como un cosquilleo constante. Mientras se preparaba para salir, su mente se llenó de pensamientos revueltos, de emociones encontradas. La inesperada muestra de apoyo incondicional por parte de sus padres la dejó perpleja, pero al mismo tiempo, una sensación reconfortante comenzó a expandirse en su pecho, como un cálido abrazo en medio de la incertidumbre.

De camino a clase, Marta reflexionó sobre la importancia de tener a alguien en quien confiar, de saber que, incluso en los momentos más confusos y complicados, siempre habría un refugio seguro al que acudir. La fortaleza de sus padres, su comprensión y su voluntad de estar a su lado, le recordaban que no estaba sola en su búsqueda de respuestas, que tenía un equipo de apoyo dispuesto a acompañarla en cada paso del camino.

Y si la sincerad le había ayudado con ellos, ¿por qué no iba a funcionar con los demás?

Con el corazón un poco más ligero y la mente un poco más clara, Marta supo qué debía hacer en cuanto llegara al instituto. La buscó en la entrada principal, moviéndose con rapidez entre los estudiantes que llegaban. No la vio allí, así que se dirigió a los baños, donde tampoco tuvo suerte. Finalmente, la localizó a la entrada de la clase que compartían, respondiendo a algún mensaje en su móvil como de costumbre.

—Hola, Cora. —La cogió del brazo antes de que esta ni siquiera pudiera reaccionar—. Ven, acompáñame.

Cora, sorprendida por el repentino acercamiento de Marta, no opuso resistencia y la siguió en silencio. Entraron en uno de los baños cercanos al aula, asegurándose de que nadie las interrumpiera. Marta cerró la puerta detrás de ellas y respiró hondo, preparándose para hablar. Cora no entendía nada, pero por fin su amiga había tenido alguna especie de reacción. Observó a Marta con atención, notando que el brillo había vuelto a sus ojos, un brillo que no había visto en semanas. Aquella señal era lo único que necesitaba para atenderla conscientemente.

Cora escuchó en silencio mientras su amiga explicaba todo lo ocurrido en la cabaña del bosque: el descubrimiento del selfi con el destello extraño, la investigación que habían llevado a cabo, y cómo todo aquello había empezado a afectar su rendimiento escolar y su vida en general. Marta no se guardó ningún detalle, confiando en su amiga como nunca antes lo había hecho.

—Entiendo por qué has estado tan distante últimamente

—dijo Cora cuando Marta terminó—. Esto es realmente importante para ti, y quiero ayudarte. No deberías cargar con todo esto sola.

Marta sintió una oleada de gratitud hacia su amiga. Cora siempre había sido comprensiva y leal, y en ese momento, su apoyo significaba más de lo que podía expresar con palabras.

—Gracias, Cora. Necesito toda la ayuda posible. Mis padres también están preocupados, y creo que entre todos podemos llegar al fondo de este misterio.

Cora asintió, decidida a apoyar a su amiga en su búsqueda. Salieron del baño juntas, más unidas que nunca, listas para enfrentar lo que viniera.

En cuanto acabaron las clases, Marta se dirigió, rauda y veloz, al parque donde había quedado con Elena y Lucas. Su corazón latía con fuerza, no solo por la carrera, sino también por la mezcla de ansiedad y determinación que la impulsaba.

Cuando llegó, vio a sus amigos sentados en el banco, concentrados en sus respectivos móviles. Al verla, ambos levantaron la vista y guardaron sus dispositivos, poniéndose de pie para recibirla.

Marta no perdió tiempo. Sin apenas tomar aliento, comenzó a hablar, su voz reflejando la urgencia de todo lo que tenía que decir. Les hizo partícipes de la reconciliación con sus padres, de la ayuda que le había ofrecido Cora y de la idea que le rondaba la cabeza de preguntarle a su tutora sobre la cabaña del bosque. «… al fin y al cabo, Andrea es profesora de historia, ¿no?», finalizó Marta.

El silencio que siguió a sus palabras fue tan denso que se podía cortar con un cuchillo. Sus amigos no sabían qué decir, sus miradas estaban llenas de sorpresa y confusión. Lucas fue el primero en reaccionar, su tono reflejando una mezcla de incredulidad y reproche.

—¿En serio, Marta? Llevamos casi dos meses guardando el secreto del destello fantasma, y ahora vienes a contarnos que lo sabe medio instituto.

—Medio instituto no, lo sabe Cora —se defendió ella con firmeza—. Ya os he dicho que estaba preocupada por mí y…

—Deberías haberlo consultado con nosotros antes de contárselo —dijo el chico con un tono de voz más severo.

Entonces, la ira se apoderó de Marta. Había soportado demasiada presión, y ahora, en lugar de apoyo, recibía críticas. Su voz se alzó, llena de indignación.

—¡He discutido con mis padres, he preocupado a una amiga! Aun así, se ofrecen a ayudarnos y lo único que recibo de ti son reproches. ¡No lo entiendo! Todo son desconfianza y quejas.

Elena intervino, intentando calmar los ánimos.

—Marta, Lucas, por favor, no discutamos. Estamos todos estresados, pero necesitamos mantenernos unidos. Marta, entiendo que quieras buscar ayuda, pero Lucas tiene razón, deberíamos haberlo discutido juntos primero. Sin embargo, ya está hecho. Ahora lo importante es cómo seguimos adelante.

Marta respiró hondo, tratando de calmarse. Sabía que Elena tenía razón. Necesitaban un plan y no más disputas.

—De acuerdo —dijo finalmente, su voz más tranquila—.

Entonces, ¿hablamos con Andrea?

Lucas suspiró, asintiendo con resignación.

—Sí, hablemos con ella. Pero seamos cuidadosos con lo que revelamos. No podemos permitirnos más sorpresas.

Elena sonrió, aliviada por el acuerdo.

—Perfecto. Vamos a planearlo bien y ver qué podemos descubrir. Estamos en esto juntos, chicos. No lo olvidemos.

Entre los tres decidieron que sería Marta la encargada de hablar con la profesora. Era su tutora y estaban seguros de que darle la oportunidad de saber el porqué de la falta de atención de su alumna, ayudaría a Marta a recuperar la confianza no solo de Andrea, sino también de sus padres.

Lo hizo al día siguiente, justo antes de empezar las clases. Llegó al instituto casi una hora antes y se dirigió al aula de Andrea. El instituto estaba aún en silencio, con solo unos pocos estudiantes y profesores deambulando por los pasillos. Golpeó con los nudillos la puerta entreabierta a través de la cual se veía a su tutora corrigiendo algunos exámenes sobre la mesa que presidía el aula. Andrea levantó la vista y sonrió al verla.

—Adelante.

Recibió a su alumna con una radiante sonrisa y la invitó a sentarse en el pupitre situado frente a ella. Marta siempre se había sentido cómoda en su compañía. Desde el primer día en que Andrea se convirtió en su tutora, había notado una sensación de calidez y comprensión que era difícil de encontrar en otros profesores. Andrea tenía una habilidad innata para hacer que sus alumnos se sintieran escuchados y valorados, y eso era algo que Marta apreciaba profundamente.

Llevaba un par de años siendo su tutora, pero la conocía desde la guardería. Andrea, a sus cincuenta años, era muy conocida en la villa y sus habitantes la tenían en muy alta estima.

Aquel día, mientras Marta se sentaba frente a ella, sintió que estaba en el lugar adecuado para abrirse y compartir sus preocupaciones. Andrea la miraba con una mezcla de curiosidad y preocupación, preparada para escuchar y ayudar.

—Buenos días, Marta. ¿Qué te trae por aquí tan temprano? —preguntó, dejando a un lado los exámenes.

Marta se sentó y respiró hondo. Sabía que tenía que ser sincera y directa.

—Buenos días, Andrea. Quería hablar contigo sobre algo que ha estado ocupando mucho de mi tiempo y mi mente últimamente —dijo, sacando el álbum de fotos y las cartas de su mochila—. Es sobre esto.

Andrea observó con curiosidad mientras Marta extendía los objetos encontrados en la cabaña sobre la mesa. La tutora miró las fotografías con mucho interés y luego levantó la vista hacia Marta.

—¿Qué es todo esto?

Marta empezó a contarle en qué había andado metida las últimas semanas. Le habló de la cabaña en el bosque, del selfi fantasma y de la misteriosa familia Montenegro. Le explicó cómo estos hallazgos la habían absorbido completamente, afectando sus estudios y su vida diaria.

—Vaya, Marta… es increíble. No puedo creer que hayas encontrado todo esto.

Andrea deslizaba las yemas de sus dedos sobre el rostro de los hombres que miraban impertérritos hacia un punto perdido del claro del bosque. Una media sonrisa se dibujó en su rostro, pero en seguida la disimuló.

—No hay nada increíble… bueno, realmente, no hay nada. No he logrado averiguar más que el nombre de la familia. En la biblioteca hay un libro donde…

—¿En la biblioteca? ¿Has estado allí?

La incredulidad de su profesora era más que notable, pero Marta no se percató de ello.

—Sí, allí encontré otra foto de los hombres, los Montenegro. Pero nada más, no he logrado averiguar más. En internet no hay información; pero, claro, teniendo en cuenta que por aquella época ni siquiera investigaron la desaparición de la hermana…

—Creo que puedo ayudarte.

En cuanto Marta escuchó aquellas palabras tuvo que controlarse ¡y mucho! para no lanzarse a los brazos de su profesora. Era increíble cómo en apenas dos días su vida había dado un vuelco descomunal. No solo había logrado deshacerse de aquella sensación nefasta de estar perdiendo el tiempo, también contaba con la ayuda de sus padres y ahora de su profesora. Nunca antes había sentido una sensación de alivio tan fuerte como en aquellos momentos.

Los días de frustración y soledad empezaban a desvanecerse, dejando espacio para una renovada esperanza. La seguridad de contar con el respaldo de Andrea, una profesora con un vasto conocimiento y una gran red de contactos en el pueblo, le daba a Marta una confianza que hacía tiempo no sentía. Estaba segura de que Lucas y Elena estarían encantados de contar con su ayuda. Sabía que, aunque les había costado aceptar que buscar apoyo cercano era la única alternativa posible, al final entenderían que el esfuerzo valía la pena.

La experiencia de sentirse atrapados en un bucle de frustración les había enseñado que a veces, para avanzar, era necesario dejar el orgullo de lado y aceptar una mano amiga. Era consciente del trabajo que les había costado llegar a esta conclusión. Habían pasado horas discutiendo, analizando cada detalle y enfrentando el desánimo que les provocaba la falta de resultados. Sin embargo, también se daba cuenta de que con las manos amigas que se iban encontrando por el camino conseguirían un avance más rápido. Sus padres, preocupados por su bienestar, habían demostrado una comprensión y un apoyo inesperados. Cora, siempre leal, había estado dispuesta a escucharla y ofrecer su ayuda sin dudarlo. Y ahora Andrea, con su experiencia y conocimiento, se unía al equipo de búsqueda del selfi fantasma.

Marta se sintió profundamente agradecida por la gente que la rodeaba. Sabía que, sin ellos, habría sido imposible llegar hasta este punto. Mientras miraba a su profesora, no pudo evitar sentir una oleada de emoción. Andrea, con su semblante calmado y su disposición a ayudar, representaba todo lo bueno que había descubierto en estos últimos días.

Se sentía tan animada que se moría de ganas por pedirle que los acompañara a la cabaña del bosque. También había pensado en invitar a Cora, pero antes quería consultarlo con Elena y Lucas. No volvería a cometer el error de actuar sin contar con ellos. Ahora sí debían estar todos a una.

No obstante, su mente parecía bullir con ritmo propio y sus palabras también, sin ningún tipo de filtro.

—Nos ayudaría mucho que nos acompañaras a la cabaña.

«Vaya… jolines, debería haberme callado», pensó en cuanto las palabras salieron de su boca.

—Puedo hacer algo mejor.

La expectativa brillaba en los ojos de Marta, instando a su profesora a continuar.

—Puedo explicarte quién es el bebé de la foto.

El corazón de Marta subió por su garganta. Creyó marearse. Sus ojos se abrieron desmesuradamente, reflejando la incredulidad que se instaló en su mente.

—El bebé de la foto soy yo.

7
LA VILLA

Le costó mucho mantener el secreto. Sin embargo, Marta sabía que era lo correcto; al fin y al cabo, había sido su propia profesora quien se lo había pedido. Desconocía las razones, pero tampoco le importaban. Tenía absolutamente claro que su historia le pertenecía a ella y a nadie más.

Lo que más dificultad le causó durante los días posteriores a la confesión de Andrea fue disimular tal descubrimiento frente a sus amigos. Cada vez que se reunía con Elena y Lucas, sentía una presión en el pecho al recordar lo que sabía y lo que debía callar. Intentaba comportarse de manera natural, pero era consciente de que cualquier pequeño desliz podría levantar sospechas. Cora, por su parte, estaba absolutamente fascinada con la historia del selfi fantasma y no paraba de insistir en que quería visitar la cabaña del bosque. La insistencia de Cora añadía una capa extra de tensión a la ya complicada situación de Marta.

Aun sin conocer la verdadera historia de los Montenegro, Marta pudo descubrir los diversos motivos que dieron lugar a los diferentes destellos de las fotografías.

Al día siguiente de su conversación con Andrea, esta decidió que era buen momento para tratar la reflexión de la luz en su clase de ciencias. En esa lección, explicó cómo la luz podía reflejarse y refractarse de maneras sorprendentes, creando efectos ópticos que podían parecer casi mágicos. Marta observó con fascinación los ejemplos y experimentos que su profesora había preparado, viendo cómo la luz se descomponía en colores y patrones inesperados. Esa clase le pareció interesantísima, y por la cara de Cora, parecía ser que a ella también. Las dos amigas intercambiaron miradas de asombro y complicidad mientras Andrea demostraba cómo una simple gota de agua podía actuar como un prisma, separando la luz en un arco iris de colores. Marta no podía evitar sonreír al ver a Cora tan interesada y entusiasmada.

En cuanto llegaron al parque, Marta y Cora estaban ansiosas por contarles a Lucas y Elena lo que habían aprendido sobre los destellos de luz en la clase de Andrea. Querían hacerles ver que, quizás, se habían dejado llevar por la imaginación en relación al destello de las fotografías. Sin embargo, al acercarse, se dieron cuenta de que sus amigos estaban absortos en sus terminales móviles.

—¿Qué pasa? —quiso saber Marta.

—Abre tu correo electrónico del instituto y lo sabrás —respondió Lucas, sin siquiera levantar la mirada de su pantalla.

Tanto Marta como Cora sacaron sus *tablets* escolares y abrieron sus correos electrónicos. No compartían clase con Lucas y Elena, pero si Lucas se refería al correo del instituto, debía tratarse de algo importante que les afectaba a todos. Tras leer el mensaje, confirmaron que así era. El correo citaba a todo el alumnado a la mañana siguiente en la biblioteca de la villa.

Aquello sorprendió muchísimo a Marta. ¿Por qué iban a reunir a todos los estudiantes en un edificio prácticamente abandonado? De repente, recordó la sorpresa de Andrea cuando le confesó que había ido a la biblioteca en busca de información sobre los Montenegro. Una chispa de intuición se encendió en su mente: estaba prácticamente segura de que aquello tenía que ver con su profesora. Disimuló tal y como llevaba haciendo durante los últimos días y fingió la misma sorpresa que sus amigos.

—Es muy extraño —comentó Elena, frunciendo el ceño—. Nunca hemos tenido una reunión en la biblioteca. Ni siquiera sabía que seguía en pie.

—Yo tampoco —añadió Lucas, claramente inquieto—. ¿Por qué allí y no en el gimnasio o en el salón de actos del instituto?

Marta se encogió de hombros, intentando mantener la calma en su voz. Calma que de desvaneció en cuanto cerró la puerta de entrada de su casa tras de sí y corrió en busca de sus padres para contarles la novedad. Encontró a su padre en la cocina, preparando la cena.

Apenas se había quitado el abrigo cuando empezó a relatar su emocionante clase de ciencias y la inesperada citación en la biblioteca del día siguiente. Su padre, sentado a la mesa, disfrutaba enormemente de la renovada energía de su hija. Era como si Marta hubiera vuelto a la vida tras aquellas semanas oscuras en las que se encerraba en su habitación y no se dejaba ver hasta el desayuno, si es que había suerte. Su voz, llena de entusiasmo, resonaba en la cocina, llenándolo de una vibrante calidez que hacía mucho no se sentía en casa.

La cena transcurrió con Marta hablando sin parar y sus padres escuchándola, embelesados. Había algo contagioso en su emoción y su padre, que siempre había sido un hombre de pocas palabras, no podía evitar sonreír cada vez que ella gesticulaba, narrando con pasión cada detalle de su día.

—La verdad es que yo también tengo curiosidad por saber el porqué de la reunión en la biblioteca —comentó su madre, sirviéndole un vaso de agua—. Es una pena que un edificio tan bonito haya caído en semejante desuso.

—La deriva de las tecnologías... —apostilló su padre.

Marta continuó hablando, su mente un torbellino de ideas y expectativas sobre lo que descubrirían en la biblioteca. Aunque intentaba mantener una actitud calmada, por dentro sentía una mezcla de nerviosismo y emoción que apenas podía contener. La conversación se extendió hasta bien entrada la noche, con sus padres haciendo preguntas y Marta respondiendo con entusiasmo, cada vez más segura de que estaba en el camino correcto para resolver el misterio que había comenzado en la cabaña del bosque.

Aquella noche, tardó en conciliar el sueño. Se revolvía en la cama, su mente incapaz de desconectar. En más de una ocasión, estuvo tentada a coger sus dispositivos y repasar todo lo descubierto en la cabaña del bosque. Se moría por retomar la investigación con el objetivo de discernir lo que era real de lo imaginario, especialmente después de lo aprendido en la clase de ciencias sobre los destellos fantasmales y la reflexión de la luz. Sin embargo, logró contenerse. Sabía que debía descansar, e intuía que el día siguiente sería una jornada cuanto menos inquietante, en el buen sentido de la palabra, claro.

Finalmente, se forzó a cerrar los ojos y a respirar profundamente, dejándose llevar por el cansancio acumulado del día. Las imágenes de la cabaña, las fotos y los destellos danzaban en su mente, mezclándose con la expectativa de la reunión en la biblioteca. Al final, el sueño la venció y se sumergió en un mundo de sueños donde todo el misterio se desenredaba ante sus ojos, dándole una paz que hacía tiempo no sentía.

Al despertar, con los primeros rayos del sol entrando por la ventana, Marta se sintió más decidida que nunca. El amanecer bañaba su habitación en una luz dorada, llenándola de una calidez reconfortante. Se quedó un momento en la cama, dejando que la energía del nuevo día la envolviera. La conversación de la noche anterior con sus padres la había llenado de una nueva fuerza, una sensación de apoyo y confianza que no había sentido en mucho tiempo. Recordó las miradas cómplices de sus padres, sus sonrisas de aliento y las palabras de ánimo que le habían brindado. Todo ello había sido un bálsamo para su alma inquieta.

Se levantó con una determinación renovada, sintiendo que cada célula de su cuerpo estaba cargada de energía. Mientras se vestía, su mente bullía con preguntas y teorías sobre los secretos que la esperaban en la biblioteca de la villa. ¿Cómo encajarían todas las piezas del enigma que había comenzado en la cabaña del bosque? La emoción y el misterio se entrelazaban en sus pensamientos, creando un caleidoscopio de posibilidades.

Se miró en el espejo y se sintió más segura de sí misma que nunca. Haber decidido compartir sus miedos con su entorno se había convertido en la mejor decisión posible. No solo disfrutaba del amparo de sus padres, también la calma se había instalado en ella desde que Andrea había compartido su secreto. Saber que ella era el bebé de la foto le había dado paz por dos razones. La primera, porque había avanzado bastante en la investigación sobre la familia Montenegro sin ni siquiera proponérselo. La segunda, porque compartir el secreto de la cabaña del bosque con su profesora la había aliviado mucho. Se había quitado un gran peso de encima.

Con cada prenda que se ponía, se sentía más lista para el día que tenía por delante. Al abotonarse la chaqueta, respiró hondo y se permitió un momento de reflexión. Se había enfrentado a sus miedos y había encontrado apoyo en aquellos que la rodeaban. Sus padres, con su incondicional cariño, habían estado a su lado en cada paso del camino. Su profesora, Andrea, le había ofrecido no solo su apoyo, sino también una conexión personal inesperada. Y sus amigos, Elena, Lucas y Cora, estaban tan involucrados como ella en resolver el misterio.

De lo primero que se percató Marta al llegar a la explanada de la biblioteca fue del tremendo bullicio que allí imperaba. Nada que ver con el silencio sepulcral que solía reinar en los pasillos del instituto. Una cacofonía de risas, charlas y murmullos llenaba el aire, creando una atmósfera vibrante y llena de vida.

Enseguida descubrió la razón. Cuando un compañero al que apenas había saludado en un par de ocasiones le preguntó a qué hora comenzaba la charla o lo que fuera que hicieran allí. Entonces, Marta lo supo: sus compañeros estaban interrelacionando entre ellos. La sorpresa inicial dio paso a una sensación de calidez y alegría mientras observaba la escena. Fijó su vista en diferentes grupos que se formaban de manera espontánea. Todos charlaban, reían, incluso llegó a oír tararear un par de canciones. Era cierto que muchos de sus compañeros se estaban haciendo fotos para subirlas a las redes sociales, pero era más que evidente que ninguno de ellos estaba inmerso en ellas. Los móviles eran accesorios, no barreras.

El ambiente destilaba una normalidad que Marta, prácticamente, no había vivido nunca. Los rostros de sus compañeras no estaban absortos en las pantallas de sus móviles, prestaban atención a lo que ocurría a su alrededor. Era un cambio refrescante, como si un hechizo se hubiera roto, liberando a todos para disfrutar del momento presente. Marta se sintió atraída por un grupo cercano donde Elena y Lucas estaban conversando animadamente con Cora y otros compañeros. Se unió a ellos, sintiendo una conexión renovada con todos ellos. Había algo especial en ver a todos

interactuar de una manera tan auténtica.

—Esto es increíble —dijo Elena, dirigiéndose a Marta—.

Nunca he visto a todos tan... tan...

—¿Presentes? —logró terminar la frase por ella para, después, abrazarla con fuerza.

Mientras charlaban, Marta notó la llegada de más estudiantes y profesores, incluida Andrea, su tutora, que se dirigía hacia la entrada de la biblioteca con una expresión de determinación en el rostro.

El sol de la mañana iluminaba el antiguo edificio, dándole un aire de majestuosidad y misterio. Los rayos dorados destacaban las vetustas columnas de piedra y las ventanas con vidrieras coloridas, creando una atmósfera casi mágica. El antiguo edificio, con sus muros cargados de historias y secretos, parecía cobrar vida bajo la luz del nuevo día.

—Chicos, mirad —dijo Marta, señalando a Andrea—.

Creo que está a punto de empezar.

El grupo se dirigió hacia la entrada, donde una multitud ya comenzaba a formarse. Los murmullos crecieron en intensidad mientras todos esperaban con impaciencia que algo ocurriera. Marta sentía una mezcla de nervios y entusiasmo. Sabía que ese día sería crucial para desentrañar los secretos que habían estado investigando. Con cada segundo que pasaba, su convicción crecía: todo aquello estaba relacionado con los Montenegro y la cabaña en el bosque.

A medida que se acercaban, los estudiantes se agrupaban en pequeños círculos, intercambiando conjeturas y teorías sobre el motivo de la reunión. Marta y sus amigos encontraron un buen lugar cerca de los escalones, desde donde tenían una vista perfecta de Andrea, quien se preparaba para hablar. El aire estaba cargado de anticipación, y Marta sentía cómo la energía de sus compañeros resonaba con la suya.

Finalmente, Andrea tomó la palabra desde lo alto de los escalones de la biblioteca, llamando la atención de todos. Su voz resonó clara y segura.

—Buenos días a todos. Sé que estáis ansiosos y tal vez un poco confundidos sobre por qué os hemos convocado aquí hoy. Pero os prometo que lo que vamos a compartir con vosotros es importante y, espero, fascinante.

Los estudiantes se quedaron en silencio, todos los ojos fijos en Andrea. Marta podía sentir el pulso acelerado en sus venas mientras esperaba que su tutora revelara el motivo de la reunión. La biblioteca, con su imponente fachada y aire de misterio, parecía el escenario perfecto para un anuncio trascendental.

Andrea continuó hablando, su voz firme y llena de autoridad.

—Hoy, vamos a emprender un viaje a través de la historia de nuestro pueblo, un viaje que estoy segura os sorprenderá y os hará ver con nuevos ojos el lugar en el que vivimos.

Marta intercambió una mirada con sus amigos, sintiendo una oleada de emoción. Estaba claro que Andrea estaba a punto de revelar algo significativo, algo que posiblemente estaba relacionado con sus propias investigaciones. Andrea levantó una carpeta que llevaba consigo y extrajo un conjunto de fotografías antiguas y documentos amarillentos por el tiempo.

—Estas imágenes y documentos pertenecen a los archivos históricos de la villa —explicó—. Entre ellos, hay piezas de información que nunca antes se han compartido públicamente. Hoy, vosotros seréis los primeros en conocer estos detalles.

El grupo de Marta contenía la respiración. Frente a ellos, Andrea sostenía el álbum, las fotos y las cartas que habían encontrado en la cabaña del bosque. Marta sintió cómo el tiempo se detenía por un instante. Todas sus dudas y teorías parecían converger en un solo punto. La confirmación que tanto había anhelado estaba justo delante de ella: toda aquella revolución venía de la mano de la familia Montenegro. No pudo evitar que una deslumbrante sonrisa iluminara su rostro.

Andrea continuó:

—Por favor, entrad en silencio en la sala principal de la biblioteca. Tomad asiento y empezaremos a desentrañar el misterio.

Los estudiantes comenzaron a moverse, formando una fila que avanzaba hacia las imponentes puertas de la biblioteca. Marta, junto con sus amigos, se encontraba en medio del grupo. La edificación, con sus altos techos y estanterías repletas de libros antiguos, emanaba un aire de reverencia y sabiduría. Mucha más de la que Marta había intuido en su primera visita.

Una vez dentro, tomaron asiento en las sillas dispuestas en filas frente a una gran pantalla de proyección. Andrea había logrado captar la atención del alumnado y pensaba retenerla durante bastante tiempo más.

—Voy a explicarles en qué consistirá su examen final —anunció Andrea, con una sonrisa enigmática—. Sí, un examen final y común para cada uno de los asistentes al instituto de Villa Redes.

8
LA VILLA Y LA VIDA

La biblioteca de Villa Redes, que solía ser un lugar silencioso y desierto, se había transformado en un hervidero de actividad y entusiasmo. Desde el día en que Andrea planteó el desafío, los jóvenes del instituto se volcaron en el proyecto con una energía contagiosa. El reto y examen final consistía en desentrañar el misterio de la familia Montenegro utilizando únicamente las redes sociales como herramienta de documentación. No podían recurrir a los buscadores de internet ni a ninguna otra fuente online; debían depender exclusivamente de las conexiones y la información disponible en las redes sociales y demás fuentes físicas.

Esta limitación complicaba la tarea, pero Marta contaba con una ventaja crucial: sabía a ciencia cierta que no había información relevante sobre los Montenegro en internet. Esta certeza, obtenida a través de su propia investigación, le daba una tranquilidad que sus compañeros aún no habían alcanzado. Sin embargo, pronto se dio cuenta de que sus compañeros también estaban descubriendo lo mismo.

La biblioteca, una vez descuidada, comenzó a llenarse de jóvenes deseosos de buscar entre las viejas estanterías

—ahora ya limpias— cualquier libro o documento que les acercara a desentrañar lo ocurrido con los Montenegro.

Marta observaba, asombrada, cómo sus compañeros se sumergían en los libros antiguos, revisaban documentos polvorientos y se ayudaban mutuamente para descifrar viejas cartas y fotografías. La transformación en sus comportamientos era evidente; las pantallas de los móviles habían pasado a un segundo plano, relegadas a simples herramientas de comunicación y coordinación.

El uso de las redes sociales para contactar con antiguos residentes y familiares lejanos de los Montenegro añadió una dimensión nueva y emocionante a la investigación. No se trataba solo de leer y analizar, sino de conectar con personas reales, escuchar sus historias y compartir hallazgos. Los estudiantes se dividían en grupos, cada uno encargado de una parte específica del enigma, y mantenían un flujo constante de comunicación y colaboración.

La transformación no se limitaba a la biblioteca. Después de cada jornada de investigación, los grupos se dirigían al parque, que había recobrado una vida vibrante. El lugar, que antes había sido territorio exclusivo de Marta y sus amigos, ahora era un centro de reunión para toda la comunidad estudiantil. Los bancos, antes desocupados, estaban llenos de jóvenes discutiendo teorías, compartiendo descubrimientos y simplemente disfrutando de la compañía mutua. El aire estaba lleno de risas, conversaciones animadas y el crujido de páginas al pasar. Marta, Elena, Lucas y Cora encontraron su banco ocupado más de una vez, pero no les importaba. De hecho, se alegraban de ver a sus compañeros disfrutando del espacio.

La comunidad de Villa Redes estaba renaciendo, y todos formaban parte de ese cambio. Las antiguas divisiones y la desconexión causada por la obsesión con las pantallas se desvanecían, reemplazadas por un sentido renovado de pertenencia y propósito compartido.

Cada rincón del parque se llenó de vida. Había grupos discutiendo bajo los árboles, otros repartidos por el césped, y algunos más organizando pequeñas sesiones de trabajo en los bancos de piedra. El entusiasmo era palpable, y cada día traía consigo nuevos avances y más piezas del rompecabezas Montenegro.

Andrea observaba todo con una satisfacción silenciosa mientras se paseaba por la abarrotada biblioteca. Los rostros concentrados y las voces susurrantes de sus alumnos le brindaban una alegría que iba más allá de la simple satisfacción profesional. Había logrado algo mucho más profundo que motivar a sus estudiantes a aprobar un examen; había revitalizado una comunidad entera. Los jóvenes de Villa Redes estaban redescubriendo el valor de la colaboración, la investigación y la historia compartida.

En cada callejón y esquina de Villa Redes, una nueva vitalidad se había apoderado del ambiente. Los pasos resonaban con una energía renovada, palpable en el aire fresco de la mañana y en la sonrisa de los vecinos. Era evidente que algo había cambiado. La dedicación y el compromiso de los alumnos del instituto no solo se manifestaban en su empeño por desentrañar el misterio de los Montenegro, sino también en la forma en que se relacionaban entre sí.

Los móviles y tablets, antes omnipresentes y absorbentes, habían dejado de ser el centro de atención. En su lugar, se veían libros entre las manos de los jóvenes, documentos antiguos desempolvados de las estanterías de la biblioteca, y conversaciones animadas que fluían de forma natural entre compañeros. Aquel cambio no solo era evidente en el ámbito escolar, sino que se había extendido por toda la comunidad, tejiendo una red de interacción humana que parecía haber estado latente, esperando el momento adecuado para despertar.

Era como si el misterio de los Montenegro hubiera sido el catalizador que la comunidad necesitaba para redescubrir la importancia de la conexión humana.

Andrea sabía que su madre estaría orgullosa de este gran avance. La matriarca de la familia siempre había valorado la educación y la conexión comunitaria, y ver a su hija impulsar un cambio tan significativo en Villa Redes habría sido un motivo de gran orgullo para ella. Mientras observaba a los estudiantes trabajando juntos, Andrea sentía una conexión con el legado de su madre y una responsabilidad aún mayor de continuar fomentando ese espíritu comunitario. Por el momento, seguía sin compartir su historia personal con nadie. Guardaba en su interior el secreto de su vínculo con la familia Montenegro, consciente de que revelar esa información podría cambiar la dinámica del proyecto. Sin embargo, también sabía que el día de hacerlo no tardaría en llegar. Sus alumnos estaban demostrando una dedicación y un compromiso que bien merecían conocer la verdad completa.

A medida que avanzaban en la investigación, desenterrando detalles olvidados y reconstruyendo la historia de los Montenegro, Andrea sentía que también estaban desenterrando y reconstruyendo una parte de ella misma. Cada nueva pieza del rompecabezas no solo revelaba más sobre la enigmática familia, sino que también iluminaba aspectos de su propia vida y su conexión con el pasado.

Andrea confiaba en que este renacimiento no fuera un fenómeno pasajero. Los jóvenes de Villa Redes habían aprendido a valorar la colaboración y el trabajo en equipo. Habían descubierto que la historia y la investigación no eran tareas solitarias, sino esfuerzos comunitarios que requerían el aporte de muchos.

Villa Redes había vuelto a la vida, y Andrea estaba orgullosa de haber sido parte de ello. Sabía que el futuro de la comunidad estaba en buenas manos, gracias a los jóvenes que habían aprendido el valor de la colaboración, la investigación y la historia compartida. Y en ese conocimiento, encontró una paz y una satisfacción profundas, sabiendo que había contribuido a algo verdaderamente significativo.

Marta no podía contener su felicidad mientras observaba el bullicio a su alrededor. El desarrollo de los acontecimientos superaba sus expectativas más optimistas. Recordaba aquellas noches en las que, en la soledad de su habitación, se había obsesionado con la investigación sobre los Montenegro. La frustración la había acompañado durante semanas, mientras intentaba avanzar en la historia utilizando únicamente internet, sin obtener ningún resultado significativo. Por más que buscaba en todos los rincones cibernéticos, no lograba desentrañar los misterios que rodeaban a la enigmática familia. Había sido incapaz de avanzar sola, y esa sensación de impotencia la había atormentado.

Sin embargo, todo cambió cuando sus compañeros se unieron a la causa. La colaboración había hecho posible lo que parecía imposible. Con la ayuda de sus amigos y compañeros, no solo había conseguido un sinfín de fotos nuevas y diversas informaciones sobre el estilo de vida de los Montenegro, sino que también había descubierto algo mucho más valioso: la inestimable ayuda de los demás. Marta había comprendido que ninguna biografía descargada de Wikipedia o cualquier otra fuente en internet podría compararse con la riqueza de la colaboración humana. Las conversaciones, las ideas compartidas, y el entusiasmo colectivo habían creado una sinergia que trascendía cualquier recurso digital. Sus compañeros le habían brindado perspectivas y datos que jamás habría encontrado por su cuenta.

Su satisfacción no solo provenía de los avances en la investigación, sino también del crecimiento personal que había experimentado. Aprendió a valorar la fuerza del trabajo en equipo y a confiar en el apoyo de sus amigos. Se sintió más conectada con su comunidad y más segura de sí misma. Mientras observaba a sus compañeros trabajar juntos, Marta se dio cuenta de que este proyecto no solo había revivido la historia de los Montenegro, sino que también había transformado a cada uno de ellos. Ella ya no era la misma chica que se encerraba en su habitación, luchando sola contra la frustración. Ahora era parte de un grupo unido por un objetivo común, y ese cambio la llenaba de orgullo y esperanza.

Sabía que este aprendizaje trascendería el examen final. Había descubierto el verdadero poder de la colaboración y la importancia de apoyarse en los demás.

Marta decidió que, para no entorpecer el trabajo de su profesora, era mejor mantener cierta distancia durante el desarrollo del examen final. Sabía que Andrea estaba desempeñando un papel crucial en guiar a todo el alumnado en esta investigación, y no quería que su cercanía personal con ella influyera en el proceso de aprendizaje de los demás. Respetaba profundamente a Andrea y le agradecía enormemente haberse involucrado en su obsesión por averiguar la historia de los Montenegro. Esta no solo había confiado en Marta, sino que también le había revelado un secreto muy personal: que ella misma era el bebé de una de las fotos encontradas en la cabaña. Este acto de confianza le parecía a Marta absolutamente admirable y valiente.

La admiración que sentía por Andrea la llevó a decidir que debía guardar ese secreto con el mayor de los cuidados. Nunca mencionó a sus compañeros lo que Andrea le había confesado. Consideraba que la historia personal de su profesora no solo era privada, sino también un gesto de confianza que debía ser respetado. Así iba a seguir siendo. Sabía que Andrea había compartido su secreto con la intención de ayudar, y no quería traicionarla.

Durante el desarrollo del examen, Marta se concentró en trabajar junto a sus compañeros, utilizando las redes sociales y otras herramientas permitidas para desentrañar la historia de los Montenegro. Aunque no volvió a hablar directamente con Andrea sobre el tema, cada avance que hacía en la investigación llevaba consigo un agradecimiento silencioso a su profesora. Sabía que, sin la ayuda inicial de Andrea, nunca habrían llegado tan lejos.

Sabía que algún día, quizás cuando todo estuviera resuelto, podría volver a hablar con Andrea y agradecerle de nuevo por su apoyo y confianza. Por ahora, se dedicó a mantener su secreto y a contribuir al esfuerzo colectivo que estaba transformando no solo su vida, sino también la de todos los demás.

Marta se sintió más motivada que nunca a continuar con la investigación, sabiendo que estaba respetando la voluntad de Andrea y protegiendo su privacidad. El secreto que compartía con su profesora le daba una fuerza especial, un recordatorio constante de la importancia de la confianza y la colaboración. Mientras trabajaba con sus amigos, Marta se sentía segura de que, con el tiempo, descubrirían todos los secretos de los Montenegro, honrando así el esfuerzo y la dedicación de todos los involucrados.

No sabía si lograrían llegar a la verdad sobre los Montenegro y la historia de la villa. Suponía que Andrea los seguiría guiando, compartiendo su experiencia para ayudarles a desentrañar los misterios que aún quedaban. Sin embargo, no podía prever el futuro ni adivinar qué nuevos retos se presentarían en su camino. Pero había una certeza que se había arraigado profundamente en su corazón: había aprendido una gran lección.

Las redes sociales, con su vasto alcance y capacidad para conectar personas, eran una herramienta poderosa. Habían demostrado ser útiles para su investigación, permitiéndoles contactar con otros, compartir información y construir una red de apoyo que trascendía los límites físicos de su pequeña villa. Pero, como había aprendido Marta, un gran poder conlleva una gran responsabilidad.

Había visto cómo la colaboración y el uso cuidadoso y ético de estas herramientas podían llevar a grandes descubrimientos y fortalecer la comunidad. Marta entendió que las redes sociales no eran solo para el entretenimiento superficial, sino que podían ser empleadas para algo mucho más significativo y trascendental.

El entusiasmo contagioso de Marta se extendió a sus amigos Elena, Lucas y Cora. La emoción por el giro de los acontecimientos era palpable en cada gesto y palabra que compartían. Elena, por primera vez, se mostraba profundamente interesada en los trabajos escolares, dedicando horas de investigación y análisis al misterio de los Montenegro. Su compromiso era evidente, y Marta se alegraba de verla tan entregada. Lucas, por su parte, sorprendió a todos con su apertura y sociabilidad. Siempre reservado y un tanto introvertido, ahora se mostraba extrovertido y amigable con todos, saludando a compañeros y relacionándose incluso con alumnos de cursos superiores. Era evidente que el enigma del selfi fantasma había despertado algo en él, una chispa de curiosidad y camaradería que lo llevaba a explorar nuevas conexiones y experiencias.

Marta se sentía profundamente conmovida al ver cómo aquel misterio no solo había transformado su propia perspectiva, sino que también había impactado positivamente en la vida de sus mejores amigos.